맥킨지, 차트의 기술

SAY IT WITH CHARTS by G. Zelazny

Copyright ⓒ 2001, 1996, 1991, 1985 by Gene Zelazny

All rights reserved.

This Korean edition was published by Dodreamedia.co.kr in 2016 by arrangement with The McGraw-Hill Global Educational Holdings, LLC through KCC(Korea Copyright Center Inc.), Seoul.

이 책은 (주)한국저작권센터(KCC)를 통한 저작권자와의 독점계약으로 ㈜두드림미디어에서 출간되었습니다.
저작권법에 의해 한국 내에서 보호를 받는 저작물이므로 무단전재와 복제를 금합니다.

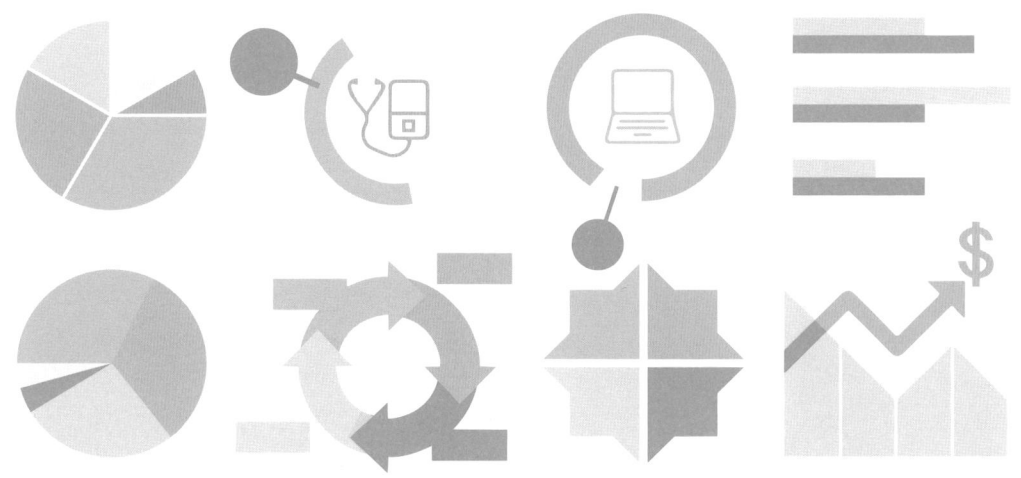

개념과 상징으로 완성하는 '비즈니스 커뮤니케이션의 절대 법칙'

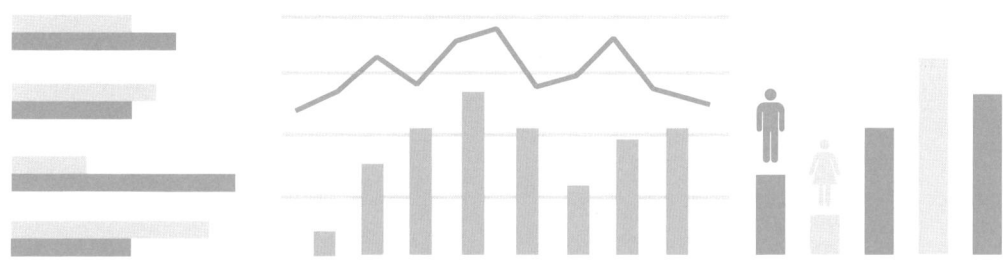

맥킨지, 차트의 기술

맥킨지식 프레젠테이션 활용의 모든 것   진 젤라즈니 지음 | 안진환 옮김
　　　　　　　　　　　　　　　　　　　　　　　　　　이상훈 감수

《Say It with Charts》 전면 개정판

매일경제신문사

이 책을 켄 해머와 맥킨지에 바칩니다.

만약 독창성을 '들키지 않은 표절'로 정의한다면,
이 책은 독창적이라 할 수 있다.
이 책에서 소개하고 있는 개념의 대부분은
전 AT&T 프레젠테이션 연구 매니저였던 케네스 W. 해머의 공로다.
오랜 세월 동안 켄은 나의 스승이며 친구였다.
고마워요 켄. 당신이 그립습니다.

켄이 나를 생각하도록 이끌어주었다면,
맥킨지는 나의 생각을 적용하고 발전시킬 수 있는
터전을 마련해주었다. 그래서 맥킨지에서 함께 일한 수많은
전문 컨설턴트들에게도 감사를 표한다.
그것은 나의 특권이었고 기쁨이었다.
마지막으로 이 책이 출판되도록 도와주신 모든 여러분께
깊이 감사드린다.

Say It With Charts
CONTENTS

감수자의 글
'차트의 기술'이란 '회사의 언어로 소통하는 것'이다

머리말
맥킨지식 차트란 무엇인가

SECTION 1 | 맥킨지는 어떤 차트를 선택하는가
메시지를 결정하라 • 22
비교유형을 파악하라 • 32
차트 형태를 선택하라 • 38

SECTION 2 | 맥킨지는 어떤 차트를 사용하는가
구성요소 비교유형 • 96
항목 비교유형 • 102
시간적 추이 비교유형 • 112
도수분포 비교유형 • 134
상관관계 비교유형 • 137

SECTION 3 | 맥킨지식 차트는 개념과 상징으로 말한다
개념적 비주얼 • 151
상징적 비주얼 • 181

SECTION 4 | 맥킨지식 차트는 비주얼로 말한다
읽기 쉽도록 만들어라 • 212
목적을 갖고 색을 사용하라 • 224
내용이 효과를 결정하게 하라 • 228

감수자의 글

'차트의 기술'이란
'회사의 언어로 소통하는 것'이다

메시지 전달의 패러다임이 고도화됨에 따라 사업이든 영업이든 비즈니스 제안을 하는 데 인포그래픽으로 표현하고 비주얼로 씽킹하는 시대다. 하지만 현 상황을 데이터로 이야기하는 차트의 기술이 선행될 때 앞서 말한 시대가 요구하는 다양한 정보의 시각화와 가공이 빛을 발할 수 있다.

비즈니스 현장인 회사 내부 간 또는 회사 대 회사 간 커뮤니케이션이 원활하기 위해서도 전달하고자 하는 메시지는 객관성과 논리를 통해 신뢰를 획득해야 한다. 따라서 현상과 상황을 정의하는 데이터 시각화인 차트의 기술은 비즈니스맨의 필수 역량이 되었다.

빅데이터 시대, 정보 과잉에 따른 큐레이션의 요구에 따라 비즈니스 제안 시 메시지 전달은 보다 명확하고 간단명료하기를 요구받고 있다. 차트의 기술을 통해 전달하고자 하는 메시지를 증명하고, 차별화된 감성으로 메시지를 디자인하는 가치팔이와 감성팔이의 균형을 통해 간단명료하게 표현하라.

세일즈클리닉 이상훈 소장

머리말

맥킨지식 차트란 무엇인가?

당신의 의도는 무엇인가, 그리고 그것이 의미하는 바는 무엇인가?

(이번 달) 세 번째 토요일 오전 9시, 월례 운영위원회가 열리게 된다. 운영위원회 의장은 그날 의사록의 나머지를 긴 안목에서 정하고자, 똑똑하며 빠르게 승진하고 있는 매니저(그를 프랭크라고 부르자)에게 '회사가 경쟁하고 있는 산업 분야의 상황 및 새로운 투자 기회를 위한 수단으로써의 회사 성과에 대한 간단한 프레젠테이션'을 준비하도록 지시했다.

프랭크는 프레젠테이션을 훌륭히 해내기 위해 열정을 가지고 자료를 수집해 줄거리를 구성했다. 또한 차트 설명을 돕기 위해 일련의 시각 자료들도 준비했다. 우리들 대부분이 그렇듯, 프랭크 역시 차트가 언어의 중요한 형태라는 것을 알고 있었다.

차트는 중요하다. 특히 그것이 잘 구상되고 디자인되었을 경우. 표를 통해 데이터를 설명하는 것보다 더 신속하고 명확하게 의사소통할 수 있도록 도와주기 때문이다.

그러나 지금 프랭크의 예에서 보고자 하듯이, 그 구상이나 디자인이 적절하지 않을 경우 차트는 의미를 분명하게 하기보다 오히려 혼동을 가져오기 쉽다. 이제 회의 참석자들과 함께 자리에 앉아서 프랭크가 진행하는 프레젠테이션을 들어보자. 그가 제시하는 비주얼들의 효율성을 평가하면서.

"여러분 안녕하십니까. 오늘 저는 우리 산업 및 회사의 성과에 대해 간략히 말씀드리고자 합니다. 저의 목표는 개발도상국으로의 사업 확장에 대한 여러분의 지원을 얻는 것입니다. 분석 결과를 일목요연하게 보여드리기 위해 몇 가지 시각 자료들을 준비했습니다."

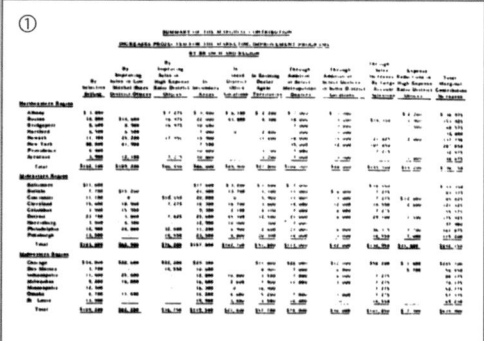

"첫째, 우리는 유망한 산업 분야에서 경쟁하고 있다는 사실을 지적하고 싶습니다. 여기서 확실히 볼 수 있듯이, 상단에 횡으로 표시한 11개의 성과 기준과 아래쪽 방향으로 나열된 산업 내 3가지 종류의 기업에 대해 뛰어난 성과를 나타내고 있습니다."

그런데 청중 사이에 앉아 있는 당신은 본인의 시력이 나빠진 게 아닌가 하고 의심할 것이다. 왜냐하면 아무리 애를 써도 숫자를 읽을 수가 없기 때문이다.

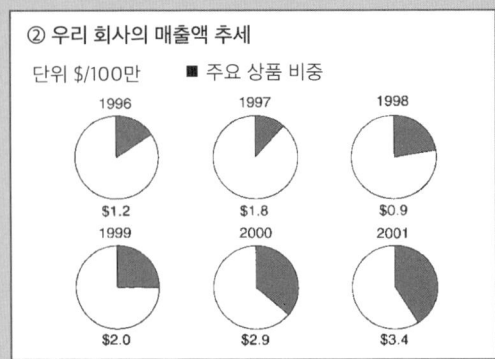

"산업 내에서 우리는 눈에 띄는 실적을 거두고 있습니다. 예컨대 여러분도 아시다시피 1998년 파업으로 판매가 감소했음에도 1996년 이후 매출액은 크게 증가했습니다."

당신은 혼잣말을 하기 시작한다. "이런, 내가 놓친 게 있었나? 프랭크는 매출액이 크게 증가했다고 하는데, 지금 내가 보고 있는 건 우리 주력 상품의 시장점유율이 확대되고 있음을 나타내는 원 그래프뿐이잖아. 아, 그렇군! 프랭크는 각각의 원 그래프 아래에 적힌 수치들을 말하고 있는 거군…."

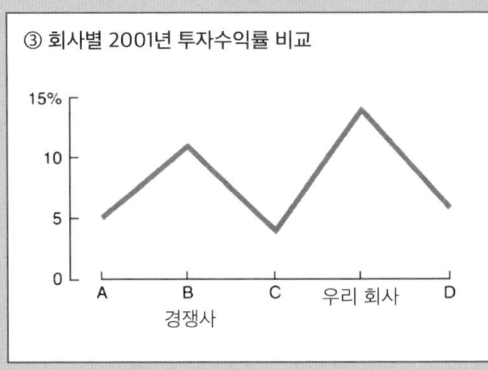

프랭크가 계속한다.

"4대 경쟁사들과 비교할 때, 우리의 투자수익률은 14%로 최고…."

당신은 또다시 혼잣말을 한다. "뭐가 최고라고? 누가 최고라고? 나는 차트의 꺾인 점들을 보고 투자수익률이 변동하고 있다고 생각했는데."

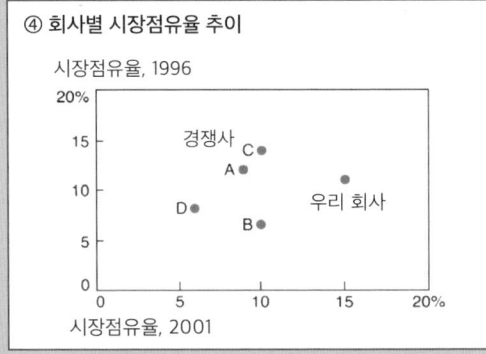

"또한 우리의 시장점유율은 1996년 이래 1개 경쟁사와 함께 확대되고있습니다. 반면 다른 3개 경쟁사의 점유율은 축소되고 있습니다."

당신은 실망으로 한숨을 내쉰다. "누가 내 오렌지 주스에 뭔가 섞었나? 눈과 귀가 따로 노는 느낌이지? 뒤섞인 신호를 받고 있는 느낌이 드는군. 내가 지금 보고 있는 비주얼들이 귀에 들어오는 메시지를 뒷받침하지 못해서 그런가?"

프랭크가 계속 진행한다.

"이 같은 매출액, 투자수익률, 시장점유율 추세를 고려할 때, 개발도상국에서의 주력상품 판로를 확대할 것을 제안합니다. 우리는 개발도상국 시장이 상당한 잠재력을 가진 것으로 확신합니다. 이 비주얼에 대한 이해를 돕기 위해 설명을 드리겠습니다. 제가 여기서 나타내고 있는 것은 2001년 세계 시장의 총규모와 2010년의 예상 규모입니다. 수많은 조사와 연구를 바탕으로 우리는 시장규모가 8,000억 원에서 1조 1,000억 원 이상까지 확대될 것으로 전망합니다. 더불어 저는 전체 시장을 11개 국가로 구분해 각각의 시장규모를 표시했습니다. 또한 각국의 연평균 성장률을 산출해서 중앙에 표시했습니다. 이 수치에서 볼 수 있듯, 개발도상국들이 가장 높은 성장률을 기록할 것으로 전망하고 있습니다."

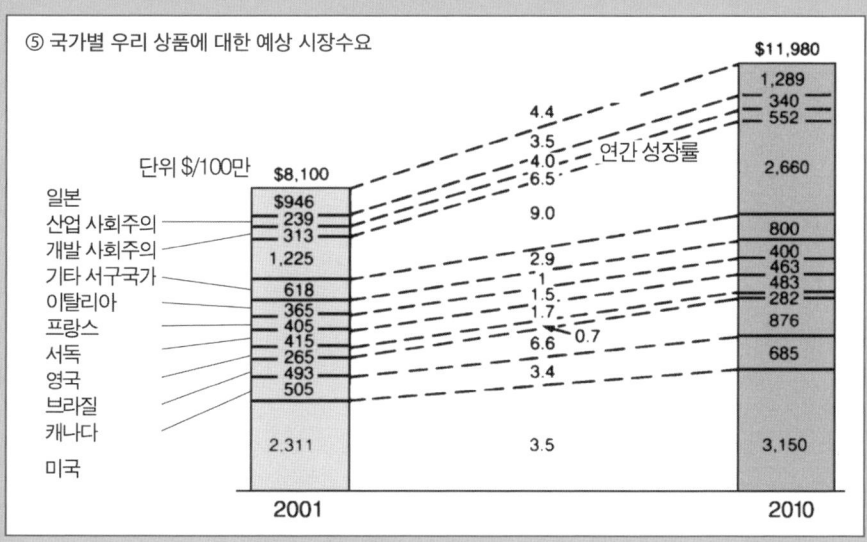

이제 당신은 팔꿈치로 옆에 있는 동료를 찌르고 귓속말을 한다. "발표를 도울 목적으로 디자인된 비주얼 자료를 이해하기 위해 이렇게 많은 청각 자료가 필요하다니 놀랍군. 나는 항상 하나의 그림이 천 마디 말보다 가치 있다고 생각했거든. 천 마디 설명이 필요한 게 아니라."

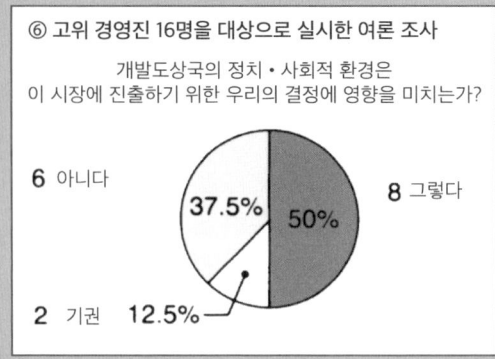

"그러나 본 투자안을 계속 추진하기 위해서는 먼저 이들 개발도상국의 정치·사회적 환경이 계획에 차질을 유발하지 않는다는 점을 고위 경영진에게 설득할 필요가 있습니다. 16명의 고위 경영진을 대상으로 한 최근의 설문조사에 따르면, 개발도상국에 대한 투자에 대해 찬반이 거의 비슷한 비율로 나타나고 있습니다."

이제 당신의 생리적 불안은 참기 힘든 지경에 달했고, 원 그래프는 점심식사에서 나올 디저트로 보이기 시작한다.

• • •

프랭크의 의도는 좋았다. 그는 차트를 이용해 프레젠테이션의 이해를 돕고자 했다. 그러나 그 실행이 잘못되었다. 그가 준비한 일련의 차트들은 알아볼 수 없거나 이해할 수 없어서 오히려 프레젠테이션을 방해할 뿐이다. 프랭크의 차트들을 다시 살펴보고 그것들이 제 역할을 다하지 못한 이유를 알아보자.

우선 1번 비주얼은 읽을 수 없다. 읽을 수 없는 비주얼이 모두 그렇듯이, 그것은 지적 과시욕 증후군을 앓고 있다. 흔히 발표자가 청중이 차트를 통해 얻는 것보다 본인이 차트에 담은 것에 더 신경을 쓸 때 나타나는 경우다.

프랭크는 시각적 프레젠테이션에서 사용될 차트는 보고서보다 최소한 2배 단순한 형태여야 하며, 4배 굵게 표시되어야 한다는 점을 깨닫지 못했다. 이는 운전하며 지나치는 동안 읽고 이해해야 하는 광고판과 자세하게 들여다볼 수 있는 잡지광고의 차이와 같다.

한편 1번과 정확히 반대되는 예가 마지막 6번 차트다. 이 차트는 너무 단순해서 쓸모가 없다. 말만으로도 그 메시지를 전달할 수 있었을 것이다. 차트를 사용하지 않는 편이 바람직한 경우는 과도하게 단순한 차트 외에도 몇 가지 더 있다.

1. 때때로 차트는 근거가 빈약한 예상치나 범위를 다룰 때처럼 정확성 면에서 오해하기 쉬울 때가 있다.
2. 기업의 손익계산서와 같이 청중이나 독자가 이미 익숙한 데이터를 차트 형태로 바꾸는 것은 혼란을 가져올 수 있다.
3. 어떤 사람들은 차트를 이용하는 데 익숙하지 않고 거부감을 느끼며 회의적일 수 있다.

차트를 이용하는 데는 '적을수록 좋다'가 훌륭한 법칙이다. 차트를 만들기 위해서는 시간과 비용이 소모된다. 또한 더 많은 차트를 이용할수록 그 내용을 기억하는 청중은 줄어든다. 하나의 보고서 또는 프레젠테이션에는 하나의 차트만을 이용하라. 청중의 100%가 집중할 것이다. 그러나 100개의 차트를 이용한다면? 아무도 기억하지 못할 것이다.

세계 시장에 관한 5번 차트는 내가 '차트표(chart table)'라고 부르는 종류다. 즉, 차트로 할 것인지 표로 할 것인지 결정하지 못하고 양쪽을 모두 취한 경우다. 이는 차트가 효과적이지 않을 경우 정보로 대신할 수 있으리라는 희망을 담고 있다. 그러나 대부분의 경우 양쪽 모두 실패한다. 의심의 여지없이 이 차트는 프랭크가 국가별 예상 성장률 비교라는 중요한 관계를 발견할 수 있도록 도왔다. 하지만 그는 데이터를 문제 분석 시 사용했던 형태에서 그의 분석 결과를 강조할 수 있는 보다 단순한 형태의 차트로 전환하지 않았다.

남아 있는 2, 3, 4번 차트는 대부분의 사람들이 데이터를 차트 형태로 바꿀 때 겪게 되는 가장 큰 문제점을 드러내고 있다. 메시지에 적합하지 않은 형태를 취하고 있는 것이다. 2번 차트에서는 선 그래프가 필요했으나 원 그래프가 사용되었다. 3번 차트는 가로막대 그래프가 더 바람직한 경우인데도 선 그래프가 사용되었다. 4번 차트에서는 세로막대 그래프 대신 점 그래프가 사용되었다.

다음은 각각의 메시지를 보다 빠르고 분명하게 전달하기 위해서 이들 세 차트가 어떠한 형태여야 했는지 보여준다.

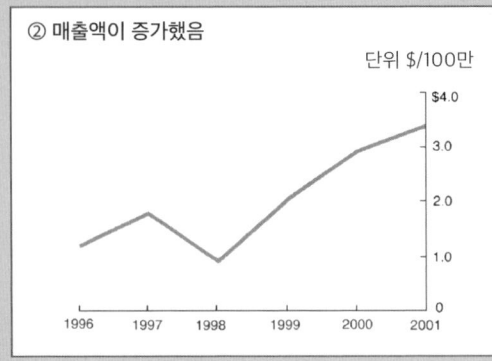

매출액은 1998년 파업으로 인해 감소했음에도 1996년 120만 달러에서 2001년 340만 달러로 증가했다.

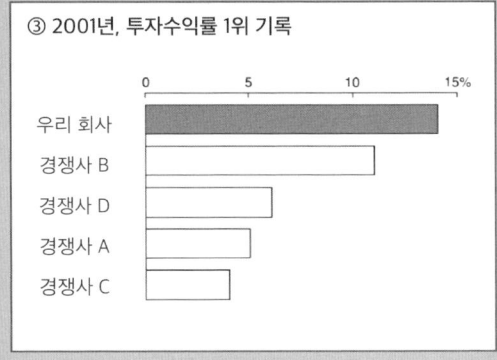

2001년 투자수익률은 4대 경쟁사와 비교하여 14%를 기록하며 1위를 차지했다.

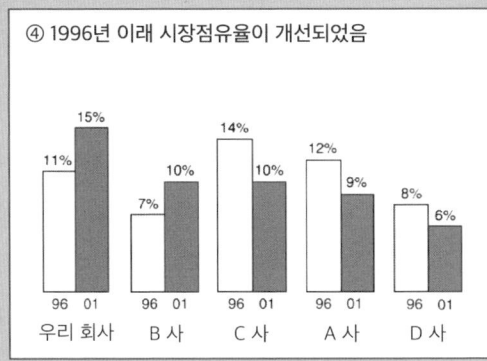

시장점유율은 1996년 11%에서 올해 15%로 4% 증가했다. 4개 경쟁사 중 B사의 점유율이 개선된 반면 C, A, D사는 점유율이 하락했다.

이제 차트들은 그 역할을 다하고 있다. 각 차트는 차트의 제목에 나타나고 있는 메시지를 뒷받침하고 있으며, 각 제목은 차트가 제시하고 있는 요점을 강조하고 있다. 모든 차트에서 메시지가 데이터를 표 형태로 제시했을 때 보다 빠르고 효과적으로 표현된다.

이 책의 목표가 바로 여기에 있다. 어디에서 사용되든지 간에 당신과 당신의 청중을 위해 효과적으로 작용할 수 있는 차트를 선택하고 사용케 함으로써, 당신이 차트로 말할 수 있도록 돕는 게 목표다. 가령 사업 프레젠테이션이나 보고서, 경영정보 시스템, 컴퓨터 그래픽 소프트웨어 패키지, 연차보고서, 잡지 및 신문기사에서 사용한다고 하자.

이 섹션의 다음 부분에서는 데이터에서 차트로 이동하는 과정을 다룰 것이다. 그리고 섹션 2에서는 당신이 필요한 경우 아이디어를 위해 참고할 수 있는 완성된 차트 모음을 살펴보게 된다.

섹션 3에서는 개념 비주얼과 시각적 상징을 이용해 메시지를 전달하는 방법을 다룰 것이다. 섹션 4에서는 스크린상의 프레젠테이션을 위해 차트를 디자인하는 법을 제시한다.

앞에서 말했듯이 차트는 중요한 언어 형태다. 그러나 모든 언어는 그것을 유창하게 구사하기 위해 단어를 배우고, 기술이 제2의 천성이 될 때까지 연습하는 데 시간과 인내를 필요로 한다.

읽어서 배우는 사람은 없고 오직 직접 해봐야 하기 때문에 연습과제를 접목하여 읽은 바를 연습할 수 있도록 했다. 자, 그럼 이제 손에 펜을 쥐고 차트를 선택하기 위한 단계로 넘어가자.

SECTION 1
맥킨지는 어떤 차트를 선택하는가

맥킨지는 어떤 차트를 선택하는가

표, 조직 편제도, 작업 흐름도, 행렬도, 지도를 포함하여 다양한 종류의 커뮤니케이션에서 볼 수 있는 비즈니스 그래픽이 얼마나 많든지 간에, 그것을 계량적인 차트로 표현할 것이라면 5가지의 기본 차트 형태가 존재한다.

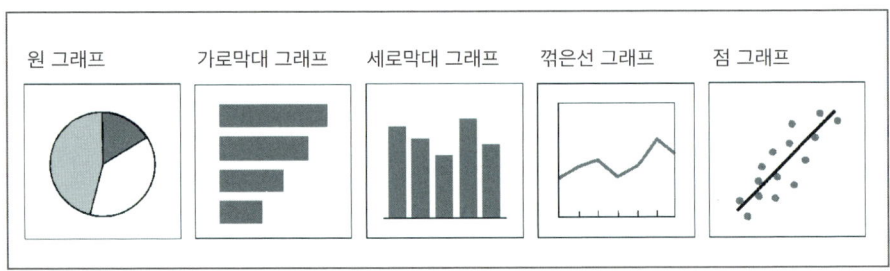

이제 우리는 우리의 목표지점을 알고 있다. 문제는 '그곳에 어떻게 도달하는가?'이다. 다음 그림을 통해 데이터를 특정한 차트로 옮기는 과정을 요약하겠다.

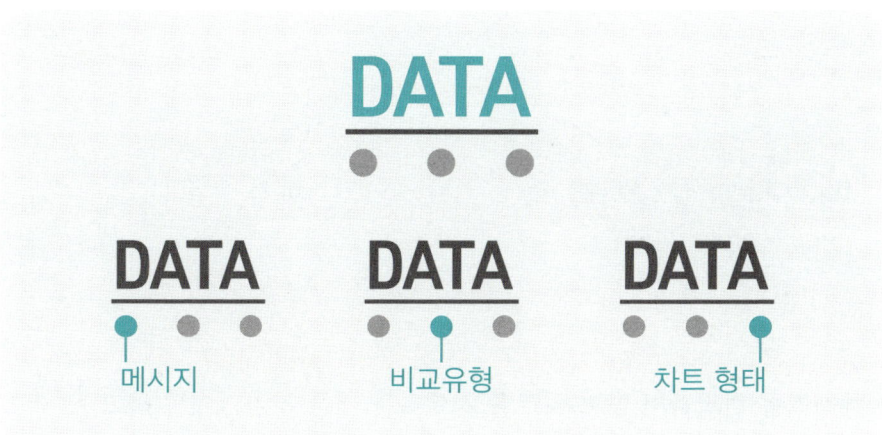

메시지를 결정하라(데이터에서 메시지로)
당신은 디자이너와 마찬가지로 당신이 전달하려는 메시지를 가장 단순하면서 효과적으로 보여줄 수 있는 차트 형태를 결정해야 한다.

비교유형을 파악하라(메시지에서 비교유형으로)
당신이 결정한 메시지는 언제나 구성, 항목, 시간적 추이, 도수분포, 상관관계의 5가지 기본 비교유형 가운데 하나를 내포할 것이다.

차트 형태를 선택하라(비교유형에서 차트로)
각각의 비교유형은 차례로 5가지 차트 형태로 연결될 것이다.

이제 각각의 단계를 자세히 논의해보자.

메시지

메시지를 결정하라
(데이터에서 메시지로)

　메시지를 결정하지 않고 차트를 선택하는 것은 눈가리개를 하고 옷 색깔을 조화시키고자 하는 것과 같다.

　올바른 차트 형태를 선택하는 것은 당신의 메시지가 무엇인지 명확히 하는 데 달려 있다. 차트를 결정하는 것은 원(₩), 달러($), 퍼센트(%), 리터(l), 엔(¥) 등으로 표시되는 데이터나, 이윤, 투자수익률, 보수 등의 측정값이 아니라 바로 당신의 메시지, 당신이 전달하고자 하는 것, 당신이 강조하고자 하는 요점이다.

　이 첫 단계의 중요성을 강조하기 위해 다음 페이지의 빈 네모 칸들 오른쪽 상단에 표시된 데이터(각 기업의 지역별 매출액비율)를 이용해서 생각할 수 있는 한 많은 차트를 스케치해보자. 정확성에 대해서는 걱정하지 않아도 된다. 당신의 목표는 24쪽을 펼치기 전에 가능한 한 많은 차트를 그리는 것이다.

연습과제

다음 데이터를 이용하여 생각할 수 있는 한 많은 차트를 그려보자. 많을수록 좋다.

	지역별 1월 매출액비용
	A사 B사
	동부　13%　39%
	서부　35　　6
	남부　27　27
	북부　25　28

어떤 차트를 선택할 것인가?

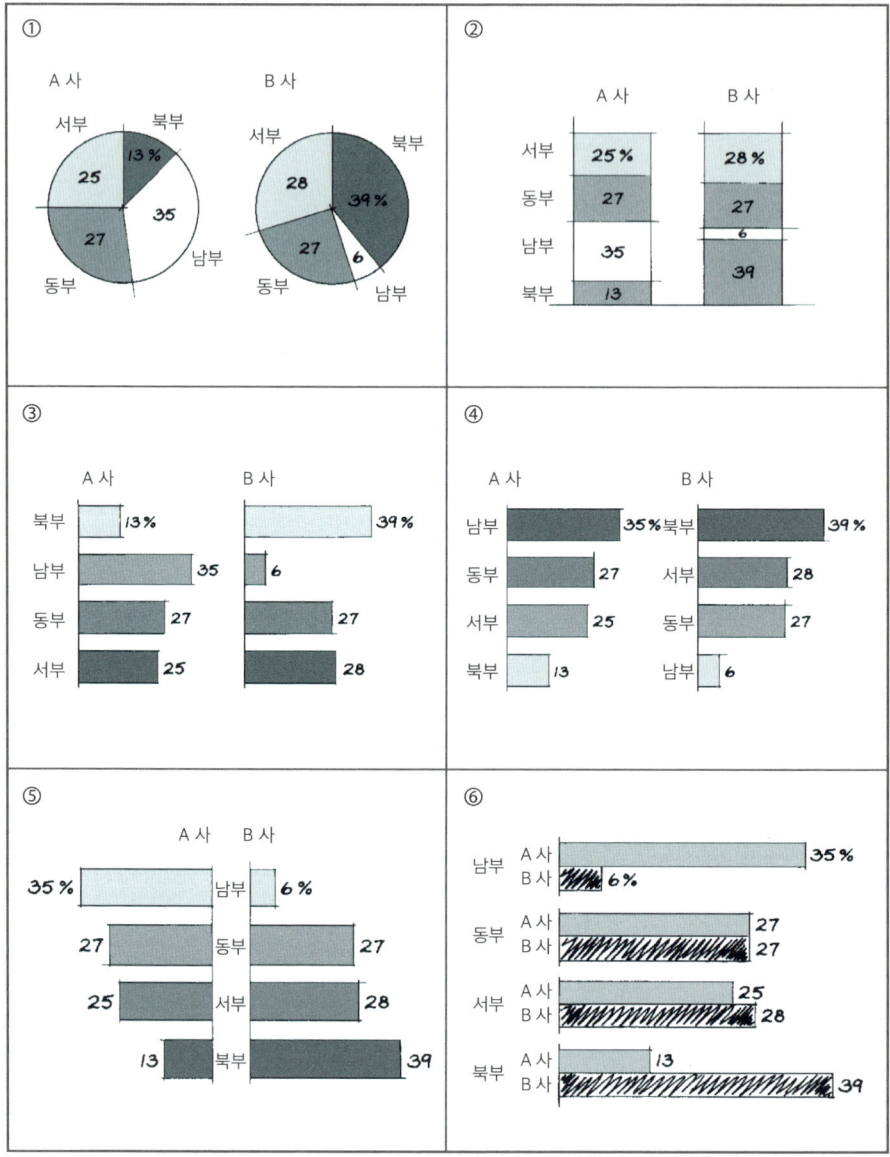

당신이 그린 차트들 중에는 왼쪽과 비슷한 것들이 있을 것이다. 다른 것을 생각해냈다면 더 좋다. 그러나 질문은 남아 있다.

어떤 차트를 선택할 것인가?

이는 매번 다르다! 어떤 차트를 선택할 것인가는 전적으로 당신이 강조하고자 하는 요점, 즉 당신의 메시지에 따라 달라진다. 왼쪽 각 차트는 그것이 구성된 방법의 작용으로써 특정한 메시지를 강조하는 데 최적화되었다.

예를 들어 주어진 데이터를 한 쌍의 원 그래프 또는 백분율 세로막대 그래프로 나타낼 경우 당신은 다음의 요소를 강조하게 될 것이다.

▶ 1 ▶ 2 : A사와 B의 지역별 판매비율은 다르다.

또는 당신은 데이터를 2개의 가로막대 그래프로 나타내고, 표에 제시된 데이터 순서대로 가로막대를 배열했을 수도 있다. 이제 차트는 다음 메시지를 강조하게 된다.

▶ 3 : A사와 B사 모두 지역별로 판매비율에 차이가 있다.

반면 각 회사별로 판매비율을 내림차순(또는 오름차순)으로 정렬하여 다음을 강조할 수도 있다.

▶ 4 : A사는 남부의 판매비율이 가장 높다. B사는 북부의 판매비율이 가장 높다. 또는 A사는 북부의 판매비율이 가장 낮다. B사는 남부의 판매비율이 가장 낮다.

막대를 지역에 따라 거울 이미지로 배열하여 다음을 나타낼 수 있다.

▶ 5 : A사는 B사의 판매비율이 가장 낮은 남부에서 가장 높은 판매 비율을 기록하고 있다.

한편 막대를 지역별로 묶어서 나타내면 다음을 나타낼 수 있다.

▶ 6 : 남부에서는 A사가 B사를 크게 앞서고 동부와 서부에서는 두 회사가 경쟁적이다. 북부에서는 A사가 B사에 뒤지고 있다.

이제 당신의 메시지가 무엇이 될 것인가를 결정하는 초기단계에서 데이터를 여러 관점에서 보는 다수의 차트를 그려볼 필요가 있을 것이다. 보다 효율적인 접근방법은 데이터의 가장 중요한 관점에 중점을 두고 그것을 표현하는 메시지를 정하는 것이다.

다음의 단순화된 표를 예로 들어보자. 이들은 하나의 데이터로부터 강조되고 메시지로 전환될 수 있는 3가지 다른 관점들을 보여주고 있다.

당신은 1월부터 5월까지 매출액의 달러 가치가 시간에 따라 어떻게 변화했는지, 전반적인 매출액의 추세에 관심이 있을 수 있다. 이 경우 당신의 메시지는 "매출액은 1월부터 꾸준히 증가하고 있다"로 표현될 것이다.

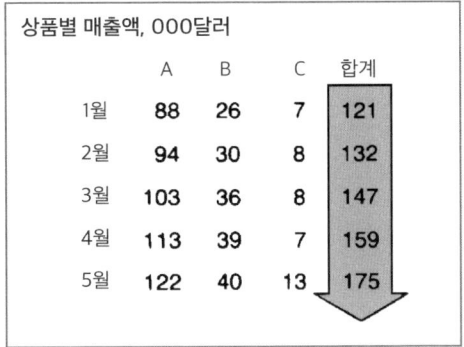

반면, 특정 시점에 초점을 두고자 할 때가 있다. 가령 당신은 5월 중 수치를 횡단으로 파악하고 상품 A, B, C의 매출액 순위를 정할 수 있다. 이 경우 메시지는 "5월 중 상품 A의 매출액이 B와 C의 매출액을 큰 차이로 앞섰다"가 될 것이다.

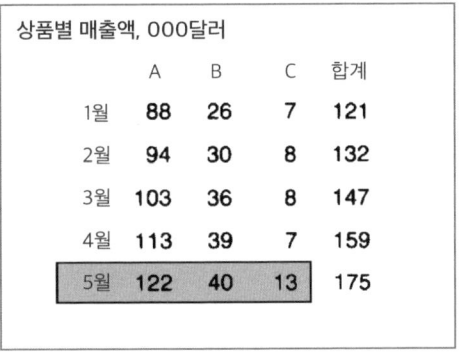

같은 5월 데이터를 다른 시각에서 분석할 경우, 총매출액 중 각 상품의 매출액이 차지하는 비율에 중점을 둘 수도 있다. 이제 메시지는 "회사의 5월 총매출액 가운데 상품 A의 매출액 비중이 가장 높았다"로 표현될 것이다.

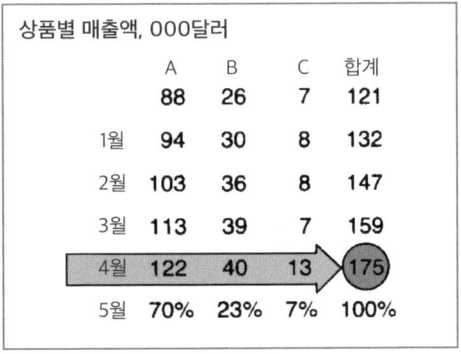

마지막 두 예에서 우리는 상이한 메시지를 끌어내기 위해 거의 동일한 관점에서 데이터를 이용했다는 점에 주목하자. 순위를 강조할 것인지 비중을 강조할 것인지의 선택은 당신에게 달렸다. 또한 그 선택에 따라 당신의 메시지가 결정될 것이다.

같은 회사의 다른 데이터를 분석한다고 가정해보자.

오른쪽 표는 5월이라는 특정 시점에서 판매금액의 크기에 따른 판매횟수를 나타내고 있다. 이때 메시지는 "5월 중 대부분의 매출은 1,000달러 이상 2,000달러 미만의 범위에서 발생했다"가 될 것이다.

판매금액에 따른 판매횟수, 5월

판매금액	판매횟수
< $1,000	15
1,000-1,999	30
2,000-2,999	12
3,000-3,999	8
4,000 +	5

마지막 데이터는 판매사원의 경험과 그 사원의 판매실적 사이의 관계를 나타내고 있다. 경험이 2년에 불과한 판매사원 P가 2만 3,000달러의 판매실적을 기록한 반면, P보다 경험이 두 배 이상 많은 Q는 P의 실적 대비 1/4밖에 기록하지 못한 사실은 "판매실적과 경험은 무관하다"라는 메시지를 암시한다.

판매사원의 판매경험과 실적과의 관계

판매사원	연간 판매경험	판매실적
P	2	$23,000
Q	5	6,000
R	7	17,000
S	15	9,000
T	22	12,000

지금 보고 있듯이 메시지를 결정하는 첫 단계는 적절한 차트 형태를 선택하기 이전에 완결되어야 한다. 메시지를 결정하는 데 많은 시간과 노력

을 들였다면, 그 메시지를 차트의 제목으로 삼아라. 이 과정을 더 자세히 살펴보자.

우리가 접하는 차트의 많은 경우에서 그 제목들은 다음의 비밀스러운 제목보다 나은 것이 없다.

- 기업 매출액 추세
- 지역별 생산성
- 부서별 자산 비중
- 연령별 직원분포
- 수익성과 임금의 관계

위 제목들은 차트의 주제를 나타내고 있기는 하지만, 그 주제에서 무엇이 중요한지에 대해서는 언급이 없다. 판매실적은 어떤가? 직원분포는 어떤가? 임금과 생산성의 관계는? 이를 비밀로 하지 마라. 그냥 당신의 메시지를 차트의 제목으로 삼자. 그렇게 함으로써 독자들이 잘못 이해할 위험이 줄어들고, 그들로 하여금 당신의 강조하고자 하는 데이터 측면에 집중도록 할 수 있다.

그 차이를 보여주는 몇 가지 예를 살펴보고, 메시지형 제목(message title)이 앞에서 제시한 주제형 제목(topic title)에 비해 어떠한 장점을 가지는지 확인해보자.

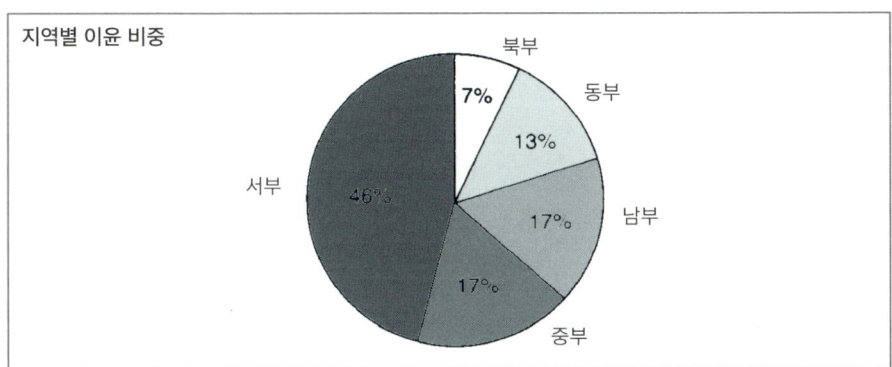

여기서 제목은 차트의 주제가 무엇인지 말하고 있으나, 차트가 보여주고 있는 내용의 중요성을 파악하는 것은 당신의 몫으로 남아 있다. 대부분의 독자들은 이 차트를 분석할 때, "서부가 이윤의 거의 절반을 차지하고 있다"는 메시지가 강조될 것으로 믿으며 서부에 중점을 둘 것이다.

그러나 그것은 차트 설계자가 의도했던 요점이 아닐 수 있다. 설계자는 "북부에서 이윤비중이 가장 낮다"라는 사실을 강조하고자 할 수도 있다. 간단히 말해 주제형 제목을 사용하는 것은 잘못 이해될 위험을 각오하는 것이다. 이를 "북부에서 이윤비중이 가장 낮다"라는 메시지형 제목으로 대체하는 것은 독자의 관심을 우리가 강조하고자 하는 데이터 관점에 집중시킴으로써 이 같은 위험을 줄일 수 있다.

두 번째 예에서는 제목이 단지 추세선이 무엇을 나타내는지만 밝히고 있다(계약 건수). 그러나 이 추세선을 분석할 때, 우리가 강조할 4가지 가능한 데이터 관점이 있다.

- 메시지 1 계약 건수가 증가했다.
- 메시지 2 계약 건수에 변동이 있다.
- 메시지 3 8월의 계약 건수가 최고를 기록했다.
- 메시지 4 계약 건수는 8개월 중 2개월에 걸쳐 감소했다.

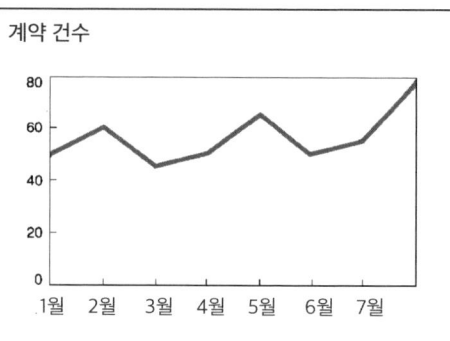

독자들을 돕기 위해서는 강조하고자 하는 단 하나의 메시지만을 선택하여 차트의 제목으로 이용하자.

메시지형 제목은 신문이나 잡지의 헤드라인과 비슷하다. 간결하고 적절하며 무엇을 읽게 될 것인지 요약해준다. 앞에서 살펴본 제목들에 대해 메시지형 제목은 다음과 같을 것이다.

> 주제형 제목 : 회사 매출액 추세
>
> 메시지형 제목 : 매출액이 2배로 증가함
>
> 주제형 제목 : 지역별 생산성
>
> 메시지형 제목 : 생산성 면에서 C 지역이 4위를 기록함
>
> 주제형 제목 : 부서별 자산비중
>
> 메시지형 제목 : B 부서가 자산의 30%를 차지함
>
> 주제형 제목 : 연령별 직원분포
>
> 메시지형 제목 : 대부분의 직원은 35~45세 범위에 분포함
>
> 주제형 제목 : 보수와 수익성의 관계
>
> 메시지형 제목 : 보수와 수익성은 관계가 없음

일단 당신의 메시지를 결정하고 나면 과정이 매우 구체화된다는 사실을 발견하게 될 것이다. 이제 메시지에 함축되어 있는 비교유형의 종류를 파악하기 위한 다음 단계로 넘어가자.

비교유형

비교유형을 파악하라
(메시지에서 비교유형으로)

첫 번째 단계가 우리가 시작할 메시지이고, 세 번째 단계가 우리가 완성할 차트라면 이 단계는 둘 사이의 연결고리다. 여기에서 깨달아야 할 중요한 사실은, 당신의 메시지와 강조하고자 하는 요점이 무엇이든지 간에 그것은 5가지 기본 비교유형 가운데 하나로 통한다는 점이다. 나는 그 5가지 유형을 구성요소, 항목, 시간적 추이, 도수분포, 상관관계라고 부른다.

이들 유형 중 각각에 해당되는 메시지의 예를 살펴보자. 동시에 나는 각 유형을 정의하고 당신이 데이터로부터 도출한 메시지에서 이를 알아챌 수 있도록 하는 단어들이 무엇인지 제시하고자 한다.

구성요소 비교유형

구성요소 비교유형에서는 일차적으로 각 부분의 크기를 전체의 백분율로 나타내는 것이 관심사이다. 예를 들면 다음과 같다.

- 5월에는 총 매출액 가운데 A상품이 가장 높은 비율을 차지했다.
- 2001년 회사제품의 시장점유율은 전체 산업에서 10%미만이었다.
- 두 원천이 회사자금의 총액 중 거의 절반을 차지했다.

당신의 메시지가 비율, 전체의 백분율, X%를 차지하는 등의 단어를 포함한다면 구성요소 비교유형을 다루고 있다고 확신해도 좋다.

항목 비교유형

항목 비교유형에서는 대상들이 동등한지, 아니면 어느 하나가 다른 대상들보다 많거나 적은지 그 대상의 순위를 비교한다. 예를 들면 다음과 같다.

- 5월 중 A 상품의 판매가 B, C 상품의 판매보다 많았다.
- 회사의 판매수익률은 5위를 기록했다.
- 6개 백화점의 이직률은 거의 같다.

'~보다 많은', '~보다 적은'과 같은 말은 항목 비교유형을 암시하는 단서다.

시간적 추이 비교유형

이 유형은 우리에게 가장 친숙한 유형 가운데 하나이다. 여기서는 전체 가운데 각 부분의 크기 또는 순위가 아니라, 대상이 시간에 따라 어떻게 변화하는지에 관심이 있다. 다시 말해 주(週), 달(月), 분기(分期), 해(年)에 걸쳐 추세가 증가하는지, 감소하는지, 변동하는지 또는 정체되어 있는지에 중점을 둔다. 예를 들어보자.

- 매출액은 1월 이후 꾸준히 증가했다.
- 지난 5년 동안의 투자수익률은 급격히 증가했다.
- 지난 7분기 동안 이자율은 변동을 거듭했다.

당신의 메시지에서 찾아야 할 단서는 '변화하다', '성장하다', '상승하다 ', '하락하다', '증가하다', '감소하다', '변동하다' 등의 단어들이다.

도수분포 비교유형

이 비교유형은 얼마나 많은 항목이 일련의 점진적 수치 범위 내에 해당하는가를 나타낸다. 예를 들면 3만 달러 미만을 버는 직원은 몇 명인지, 2만 달러 이상 6만 달러 미만을 버는 직원은 몇 명인지, 또는 10세 미만 인구는 얼마인지, 10~20세, 20~30세 인구는 얼마인지 등이다. 이 유형에 해당되는 전형적인 메시지는 다음과 같다.

> - 5월 중 판매의 대부분은 1,000~2,000달러 범위에 있다.
> - 대부분의 화물은 5, 6일 안으로 배달된다.
> - 직원의 연령분포는 우리 경쟁사와 크게 다르다.

이 비교유형을 암시하는 용어로는 도수 및 분포는 물론이고, X부터 Y의 범위, 집중 등이 있다.

상관관계 비교유형

상관관계 비교유형은 두 변수 사이의 관계가 당신이 보통 기대하는 패턴을 따르는지 혹은 따르지 않는지를 보여준다. 보통은 매출액이 증가할수록 이윤도 증가한다고 예상할 것이다. 또는 할인폭이 커지면 판매가 증가한다고 예상할 것이다.

'~에 관련하다', '~따라 증가하다', '~에 따라 감소하다', '~에 따라 변화하다' 또는 그 반대로 '~에 따라 증가하지 않다' 등의 단어들이 당신의 메시지에 포함되었다면, 이는 당신이 상관관계 비교유형을 표현하고 있다는 즉각적인 단서다. 예를 들어보자.

- 5월 중 판매실적은 판매사원의 경험과는 관계가 없음을 보여준다.
- CEO의 연봉은 기업의 크기에 따라 변하지 않는다.
- 보험증권의 금액은 보험계약자의 수입에 따라 증가한다.

이제 당신은 표 형태의 데이터로부터 도출하게 될 어떠한 메시지에도 내포되어 있는 6가지 비교유형을 알았다. 간단히 언급하면 다음과 같다.

- **구성** : 전체의 백분율
- **항목** : 항목의 순위
- **시간적 추이** : 시간에 따른 변화
- **도수분포** : 범위 내에 해당되는 항목
- **상관관계** : 변수 사이의 관계

이를 염두에 두고 표 형태의 데이터로부터 도출된 다음 12개의 전형적인 메시지들을 읽고, 각 메시지에 함축된 비교유형을 판별해보자. 각각에 대해 단서가 되는 단어를 찾아보고, 필요한 경우에는 우리가 앞에서 논의한 정의와 예를 참조하자. 그런 다음 당신의 답을 페이지 아래쪽에 거꾸로 표기된 정답과 비교해보자.

전형적 메시지	비교유형
1. 향후 10년 동안 매출액이 증가할 것으로 전망된다.	_____
2. 3만~3만 5,000달러 범위의 수입을 얻는 직원이 가장 많다.	_____
3. 더 높은 가격의 휘발유 상표가 더 좋은 품질을 의미하지는 않는다.	_____
4. 6개 부서의 9월 이직률은 거의 같았다.	_____
5. 판매 관리자가 현장에서 보내는 시간은 근무 시간의 겨우 15%에 불과하다.	_____
6. 공헌도는 재직기간과 무관하다.	_____
7. 지난해 대부분의 이직은 30~35세 연령 집단에서 발생했다.	_____
8. C 지역의 생산성 순위가 최하위다.	_____
9. 우리 회사의 주당 수익률이 감소하고 있다.	_____
10. 총자금 중 가장 많은 부분이 생산에 할당된다.	_____
11. 수익성과 보수는 관계가 있다.	_____
12. 8월에는 2개 공장의 생산력이 다른 6개 공장의 생산력을 큰 차이로 앞섰다.	_____

정답

1. 시간적 추이
2. 도수분포
3. 상관관계
4. 항목
5. 구성요소
6. 상관관계
7. 도수분포
8. 항목
9. 시간적 추이
10. 구성요소
11. 상관관계
12. 항목

데이터를 당신의 메시지로, 메시지를 비교유형으로 변환하는 단계를 거쳤으므로 이제 우리는 비교유형을 당신의 메시지에 가장 적합한 차트 형태로 변환하는 마지막 단계를 수행할 준비가 되었다.

차트 형태를 선택하라
(비교유형에서 차트로)

당신의 메시지가 무엇이든지 그것은 5가지 비교유형 중 하나를 내포하고 있다는 사실을 알게 되었다. 이제 비교유형이 무엇이든지 간에 그것이 5가지 기본 차트 형태 중 하나에 대응된다는 사실은 놀랄 일이 아닐 것이다.

5가지 기본 차트 형태는 원 그래프, 가로막대 그래프, 세로막대 그래프, 꺾은선 그래프, 점 그래프이다.

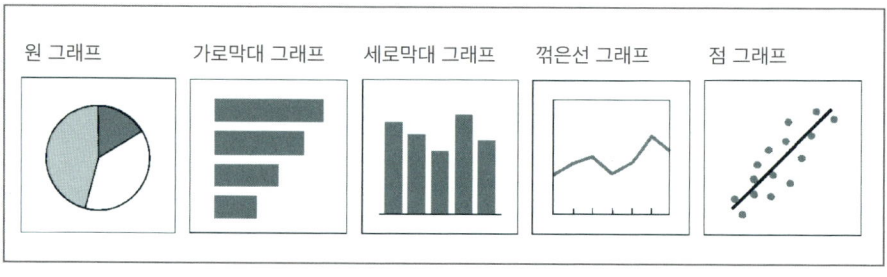

대개 원 그래프가 가장 널리 사용된다. 그러나 이는 잘못된 것이다. 원 그래프는 사실 가장 비실용적이기 때문에 프레젠테이션이나 보고서에 사용된 차트 중 5% 정도만을 차지하는 것이 바람직하다.

반면 가장 과소평가된 차트는 가로막대 그래프인데, 앞으로 훨씬 더 많은 주목을 받아야 한다. 가로막대 그래프는 응용도가 가장 높아서 전체 차트의 25%에 사용되어야 한다.

나는 세로막대 그래프를 '믿음직한 오랜 친구', 꺾은선 그래프를 '짐을 싣는 말(work horse)'이라고 생각한다. 그만큼 쓸모가 있다. 이 두 차트는 전체 차트의 절반을 차지하는 것이 좋다.

점 그래프는 첫눈에 이해하기 어려울지도 모르지만, 꼭 필요한 때가 있으므로 10% 정도 사용하는 것이 좋다.

이상이 전체 차트의 90%를 차지한다. 나머지는 세로막대 그래프와 꺾은선 그래프, 가로막대 그래프와 원 그래프 등의 조합이 될 것이다.

각각의 차트 형태는 그것이 구성된 방법의 작용으로써 5개 비교유형 가운데 하나를 표현하는 데 최적이라는 사실에 관해 좀 더 알아보도록 하자.

다음 행렬은 일차적인 선택들을 나타내고 있다. 왼쪽 세로축에는 5가지 기본 차트 형태가, 상단 가로축에는 앞에서 우리가 논의한 5가지 비교유형이 자리 잡고 있다.

시간적 추이, 도수분포, 상관관계의 경우 2가지 차트 형태를 선택할 수 있다. 무엇을 이용할 것인지는 당신이 구성하고 있는 데이터의 양에 따라 결정하면 된다. 시간적 추이 및 도수분포에서는 적은 수의 데이터 표시점(6, 7개의)을 나타낼 경우 세로막대 그래프를 사용하고, 다수의 데이터 표시점을 나타낼 경우에는 꺾은선 그래프를 사용하라. 상관관계 비교유형에서는 적은 수의 데이터에는 가로막대 그래프를, 많은 수의 데이터에는 점 그래프를 사용하라.

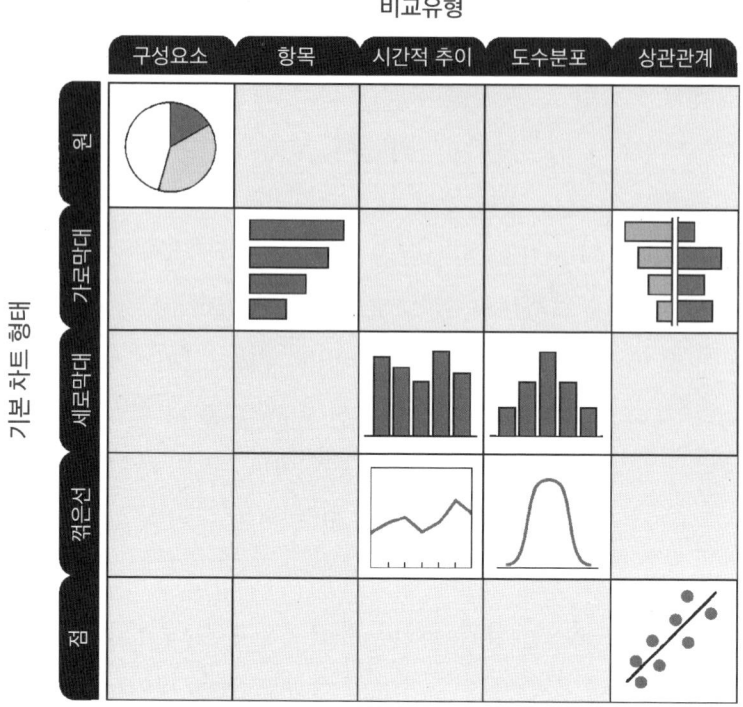

　이 행렬을 통해 우리의 방법을 연구하고, 각각의 비교유형을 표현하기 위해 특정한 차트 형태가 바람직한 이유를 알아보자. 이 과정에서 우리는 최선의 차트를 만드는 법에 대해 알아보고, 각각의 형태별로 추가적인 정보를 제공할 수 있는 변형을 보여줄 것이다.

　앞으로 차트를 선택하거나 특히 그것을 사용하는 것은 정밀한 과학이 아니라는 사실을 명심하자. 따라서 당신은 '일반적으로', '때때로', '대부분의 경우', '가끔' 등의 수식어를 자주 보게 될 것이다. 이들은 모두 차트를 어떻게 최선으로 디자인할 것인지를 결정하는 데 당신의 판단이 그 역할을 해야 한다는 사실을 암시하고 있다. 최선의 차트를 만들기 위한 제안과 함께 행렬이 나타내는 선택들은 일종의 지침일 뿐이다. 그러나 종종 이 지침들이 잘 활용되는 날이 있을 것이다.

페이지를 넘겨 각 비교유형과 그에 적합한 차트 형태에 대해 자세히 알아보기 전에, 잠깐 멈추고 섹션 2로 넘어가보기를 제안한다. 나는 거기에서 이들 모든 차트에 대해 실제로 효과가 있는 예들을 모아서 실었다. 그것들이 잘 구상되고 디자인되었을 때 차트가 얼마나 효과적일 수 있는지에 대한 이해를 얻기 위해 이 차트의 쇼핑목록을 구경해보자.

구성요소 비교유형

구성요소 비교유형을 가장 잘 표현할 수 있는 차트 형태는 원 그래프이다. 하나의 원은 전체라는 인상을 분명히 심어주기 때문에, 원 그래프는 오직 하나의 목적에 이상적으로 부합된다. 즉, 하나의 산업을 구성하는 기업들처럼 전체의 백분율로써 각 부분의 크기를 나타내는 것이다.

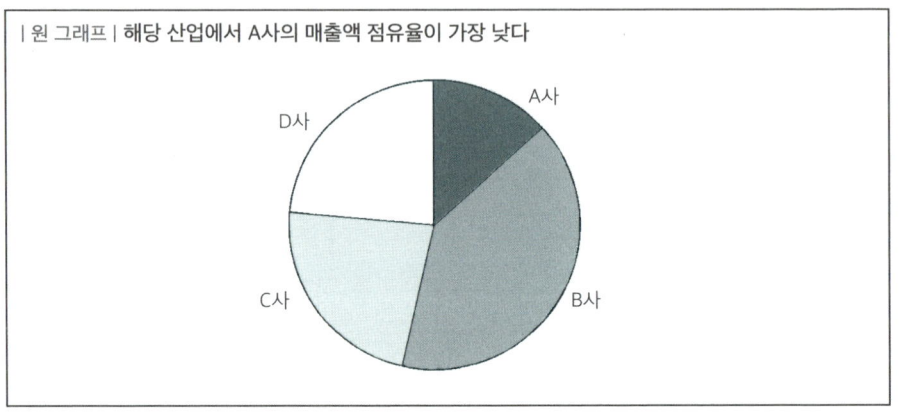

대부분의 원 그래프에서는 일반적으로 6개 이하의 구성요소를 사용해야 한다. 만약 더 많은 구성요소를 사용할 경우에는 당신의 메시지에서 가장 중요한 5개의 구성요소를 선택하고 나머지는 '기타' 범주로 묶어라.

우리의 눈은 시계 반대 방향으로 읽어나가는 데 익숙하므로 가장 중요한 요소를 12시 선에 배치하고 가장 대비되는 색상(검정 배경에 노란색 등)을 사용하여 더욱 강조하는 것이 좋다. 차트가 흑백일 경우에는 가장 진한 명암을 사용하라. 만약 각 요소 사이의 중요도에 차이가 없다면, 크기가 큰 것에서 작은 것으로 또는 그 반대 순서로 배열하는 것을 고려할 수 있다. 이 경우에는 모든 요소에 서로 비슷한 색상을 사용하거나 명암에 차이를 두지 않는다.

일반적으로 원 그래프는 5가지 차트 형태 가운데 실용성이 가장 낮다. 뿐만 아니라 원 그래프는 가장 많이 잘못 사용되고, 더 나쁜 경우 남용되기까지 하는 차트 형태이다.

예를 들어 다음 페이지에서는 지금까지 내가 오랜 기간 동안 다양한 프레젠테이션, 뉴스, 잡지, 연차 보고서에서 발견한 여러 개의 유사 원 그래프들을 볼 수 있다. 나는 D가 죽음을 주제로 하고 있어 약간 섬뜩하기는 하지만, 이들은 모두 상상력이 풍부하고 재치 있으며 매력적이기까지 하다는 점을 보증한다. 그러나 동시에 이들은 내용보다 형태를 더욱 중요시하여 결과적으로는 정확한 시각적 관련성을 표현하는 데 실패한 예들이다.

모든 차트의 근본 목적은 표 형태를 사용하는 것보다 요소들 사이의 관계를 더 빠르고 명확하게 표현하는 데 있다는 점을 강조하고 싶다. 형태가 내용보다 더 중요시될 때마다, 즉 차트의 디자인이 요소들 사이의 관계를 명확히 이해하는 데 방해가 될 때마다, 보는 것에 의지하여 결정을 내려야 하는 청중이나 독자들에게 해가 된다.

즐거운 마음으로 이들 예가 시각 자료로써 유용한지 시험하는 연습을 해보자. 연습에서 최대한의 효과를 얻기 위해서 생각을 해서는 안 된다. 대신 당신에게 처음으로 떠오르는 시각적 인상을 기록하기 바란다. 각각의 예에서 위로부터 시작해 아래로 움직이든 이리저리 움직이든지 간에, 각각의 요소에 대해 전체에서 차지하는 백분율을 빠르게 채워넣은 뒤 총합계를 계산하라. 이때 가장 주의할 점은 당신은 생각할 수 없으므로 이미 적은 답으로 돌아갈 수도, 지울 수도, 마음을 바꿀 수도 없다는 점이다.

시작하자!

6개의 각 차트에 대해 각각의 요소가 나타내고 있다고 느끼는 백분율을 기록하고 이를 합산하자.

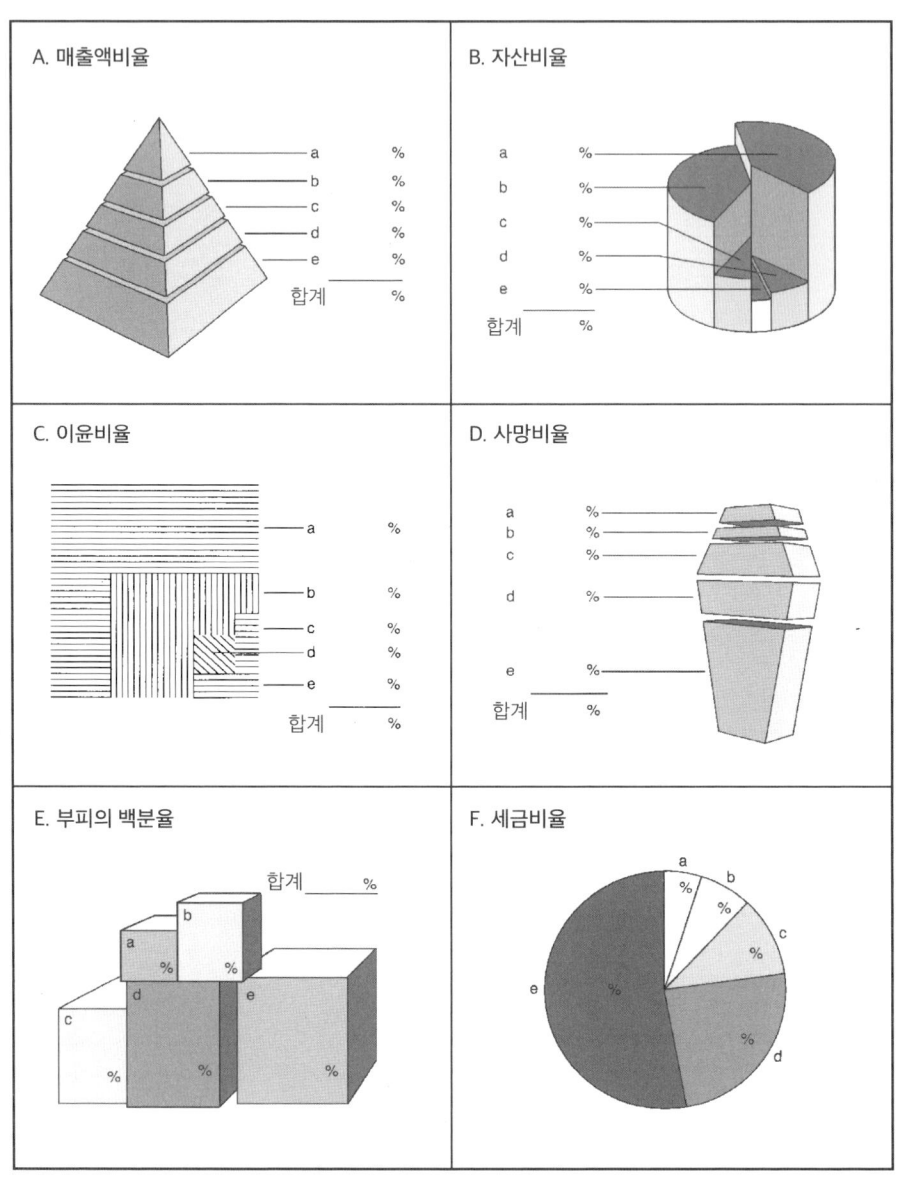

이제는 각각의 예제에 대해 당신의 추측과 아래의 실제 데이터를 비교해 보자.

	A 매출액비율	B 자산비율	C 이윤비율	D 사망비율	E 부피의 백분율	F 세금비율
a.	5%	37%	58%	7%	7%	5%
b.	7	31	32	6	15	7
c.	11	10	3	17	18	11
d.	24	14	4	16	25	24
e.	53	8	3	54	35	53
	100%	100%	100%	100%	100%	100%

만약 당신의 답이 최소한 A 차트부터 E 차트까지에서 위 수치와 크게 차이가 있다면, 이 차트들은 의도했던 역할을 수행하지 못하고 있는 것이 분명하다. 즉, 요소들 사이의 관계에 대해 정확한 인상을 심어주는 데 실패하고 있는 것이다.

나는 이 테스트를 많은 동료에게 실시해봤다. 아마도 당신의 답 또한 그들의 답과 유사하리라 생각한다. 데이터들의 합이 정확히 100%인 경우는 극히 드물었다. 대신 그 합이 100%에 못 미치거나 100%를 초과하는 경우가 잦았다. 가장 극단적으로는 데이터의 합이 45%에 불과하거나 280%에 달하는 경우도 있었다. 동일한 합계를 낸 응답자들 사이에도 구성요소 사이의 비가 반드시 같지는 않았다.

반면 거의 모든 응답자가 전통적인 원 그래프 형태인 F 차트(세금비율)에서는 백분율을 정확히 추측했다. 여기서 당신은 e 부분이 50%를 다소 넘는 반면, a 부분과 d 부분은 각각 약 5%, 24%를 차지한다는 사실을 보다 쉽게 볼 수 있을 것이다. 사실 F 차트는 A 차트와 동일한 데이터를 기반으로 한다. 나는 어떤 결과가 나오는지 보기 위해 차트의 제목을 변경했을 뿐이다. 당신이 A 차트에 기입한 백분율 값을 F 차트의 값과 비교하고 차트 형태의 차이가 어떤 결과를 낳았는지 주목하자.

이 연습에서 배워야 할 분명한 교훈이 있다. 만약 당신의 목적이 요소들 간의 정확한 관계를 표현하는 것이라면 창조성을 발휘하고픈 충동을 억제하는 대신 전통적인 원 그래프에 의지해야 한다는 사실이다. 창의력은 보기 좋은 배열, 읽기 쉬운 글자체 또는 색상 및 명암의 구조적 사용 등을 통해 차트를 보다 매력적으로 만드는 데 사용하자.

원 그래프는 하나의 전체를 구성하는 요소들을 표현하는 데 백분율 가로막대 또는 백분율 세로막대보다 효율적이다. 그러나 하나 이상의 전체에서 구성요소들을 비교할 필요가 있을 경우에는 생각할 필요도 없이 주저하지 말고 백분율 가로막대 그래프 또는 백분율 세로막대 그래프로 바꾸자. 아래의 예가 그 이유를 보여준다.

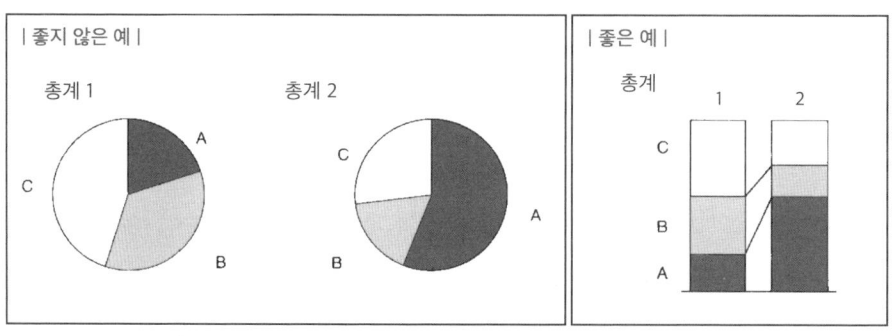

2개의 원그래프에서 각각 구성요소의 이름들이 어떻게 반복되고 있는지 주목하자. 물론 범례를 이용할 수도 있다. 그러나 이 경우 독자는 구성요소가 무엇을 나타내는지 분명히 하기 위해 범례와 구성요소 사이를 오가며

봐야 한다. 뿐만 아니라 명암(또는 색상)이 구성요소를 구분하는 데 도움이 되고 있기는 하나, 요소들 사이의 관계를 파악하기 위해 앞뒤로, 하나의 원 그래프에서 다른 원 그래프로 시선을 움직여야 한다.

대신 백분율 세로막대 그래프를 이용하면 이 같은 문제점을 줄일 수 있다. 이제 구성요소명이 덜 중복되고, 연결선을 보강함으로써 서로 대응되는 요소들 사이의 관계가 더욱 빨리 눈에 들어온다.

항목 비교유형

항목 비교유형은 가로막대 그래프로 가장 잘 표현될 수 있다.

세로축은 눈금이 아니라 국가, 산업, 기업, 판매사원 이름 등의 값을 측정한 항목들의 항목명을 나타낸다. 이때 당신이 강조하고자 하는 순위에 맞추어 막대를 배열할 수 있다. 예를 들어 한 시점에서 특정 기업(고객사)의 판매수익률을 5개 경쟁자와 비교한다면, 막대들을 기업 이름의 알파벳 순서, 각 기업이 해당 산업에 진입한 시기, 매출액 규모, 수익률의 오름차순 또는 예에서 보듯이 내림차순(수익률이 가장 높은 기업에서 가장 낮은 기업으로)에 따라 정렬할 수 있다.

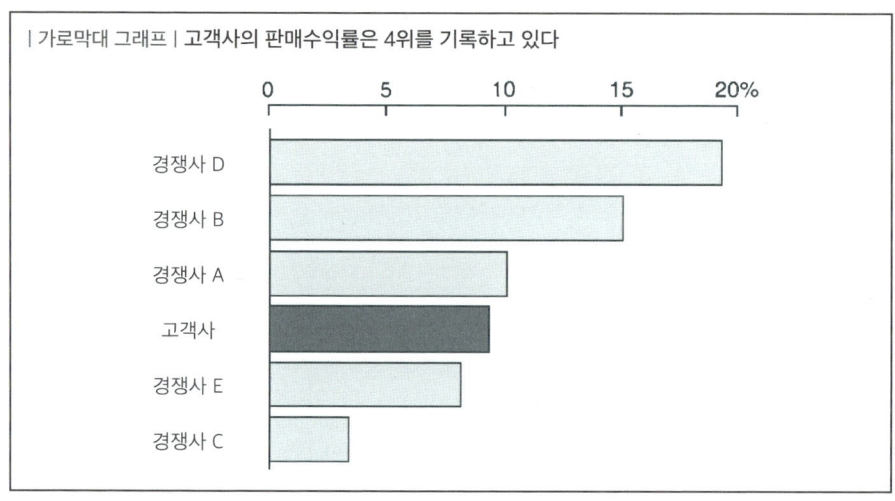

가로막대 그래프를 준비할 때에는 막대들 사이의 간격이 막대의 너비보다 좁아야 함을 명심하자. 또한 가장 대비되는 색상이나 명암을 사용하여 중요한 항목을 강조하고 메시지 제목을 보강하자.

값을 표시하기 위해서는 상단(때에 따라서는 하단)에 눈금을 나타내거나, 막대의 끝에 수치를 적는다. 요소들 간 관계를 빠르게 알아챌 수 있도록 하고 싶다면 눈금을 이용하고, 당신의 메시지에서 값이 중요할 때에는 그 수치를 명시하는 것이 좋다. 때때로 눈금을 사용하되 강조해야 할 값 하나를 표시하는 것도 좋은 방법이 될 수 있다. 그러나 눈금과 값을 동시에 사용하는 것은 중복을 불러일으키고 차트를 어지럽게 만든다. 이것은 세로막대 그래프나 꺾은선 그래프에서도 마찬가지다.

 수치를 표시할 때에는 값을 반올림하고 소수점 이하가 당신의 메시지에 끼치는 영향이 미미할 경우 이를 생략하는 것이 좋다. 12%와 같은 숫자가 12.3%나 12.347%보다 기억하기 쉽다.

 가로막대 그래프의 융통성을 보이기 위해 아래에 각각 추가적인 정보를 제공하고 있는 6가지 차트 형태의 변형을 제시했다. 섹션 2의 두 번째 부분에서 이들 변형의 응용을 설명하고 있다. 당신은 지금 그것들을 훑어보고 싶을지도 모른다. 확실히 당신은 그것들을 당신의 효과가 있는 차트 모음에 포함하고 싶을 것이다.

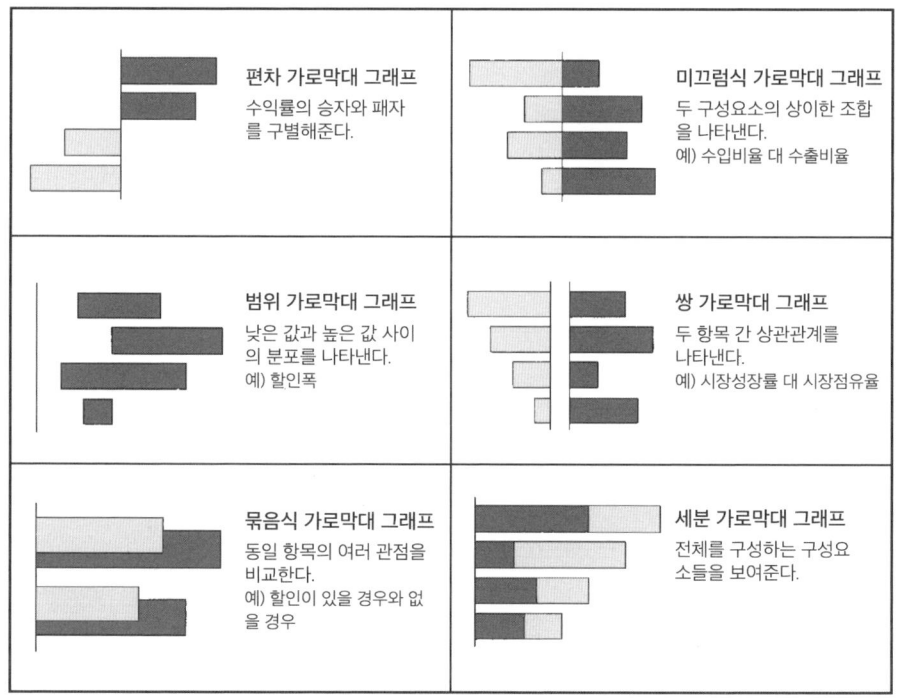

항목 비교유형을 표현하는 데 가로막대 대신 세로막대 그래프, 즉 수평막대 대신 수직막대 그래프를 이용하고 싶을 때가 있을 것이다. 사실 이렇게 하는 것이 크게 잘못된 것은 아니다.

그러나 십중팔구는 가로막대 그래프를 사용하는 것이 2가지 이유에서 더 바람직하다. 첫째, 항목 비교유형에 가로막대 그래프를 사용함으로써 시간적 추이 비교유형과 혼동될 가능성을 줄일 수 있다. 시간적 추이 비교유형에는 세로막대 그래프가 더 적합하다. 이 같은 차이를 분명히 하기 위해 시간적 추이를 나타내는 데 가로막대 그래프의 사용을 피하도록 하자. 시간이 위에서 아래가 아니라 왼쪽에서 오른쪽으로 경과하는 것에 익숙하기 때문이다.

두 번째 이유는 실질적이다. 일반적으로 항목들은 긴 이름을 갖고 있다. 북동부, 남서부 등의 지역명, 농업, 제조업 등의 산업명, 판매사원의 이름 등은 표기하기 위한 공간이 필요하다. 아래 두 예를 통해 가로막대 그래프에는 막대의 왼쪽에 다양한 항목의 이름을 표기하기 위한 공간이 있는 반면, 세로막대 그래프에는 일반적으로 막대의 너비가 좁기 때문에 항목의 이름을 가지런히 쓰기가 어렵다는 점에 주목하라. 세로막대 그래프에서는 읽기 어려운 정도로 항목명을 한데 몰아넣거나 하이픈을 사용하거나 또는 어색한 배열을 사용해야 한다.

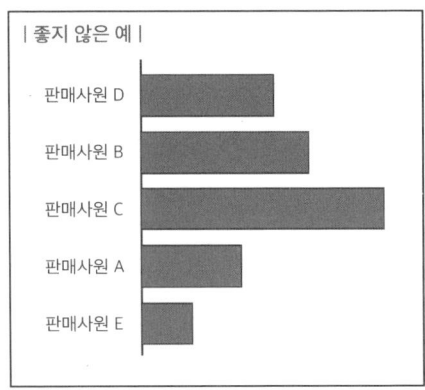
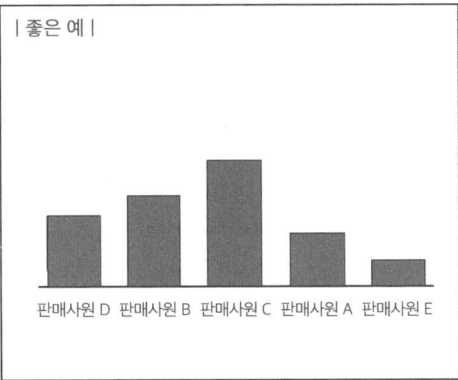

시간적 추이 비교유형

구성요소 비교유형과 항목 비교유형이 특정 시점에서의 요소들 사이의 관계를 나타내는 반면, 시간적 추이 비교유형은 시간에 따른 변화를 나타낸다.

시간적 추이 비교유형은 세로막대 그래프 또는 꺾은선 그래프가 적합하다. 어떤 형태를 사용할 것인지의 결정은 단순하다. 시간에 따라 나타낼 표시점의 수가 적을 때에는(최대 7, 8개) 세로막대 그래프를 사용하라. 반면에 20년에 걸쳐 분기별 추세를 나타내야 한다면 꺾은선 그래프를 사용하는 것이 훨씬 좋다.

세로막대 그래프와 꺾은선 그래프 가운데 선택할 때에는 데이터의 특징을 기준으로 삼을 수도 있다. 세로막대 그래프는 수준 또는 크기를 강조하기 때문에 일정 기간 내에 새롭게 시작되고 끝나는 활동에 관련된 데이터에 보다 적합하다. 생산량 데이터가 이 범주에 포함된다. 꺾은선 그래프는 움직임이나 변화 양상을 강조하므로 한 시점에서 다음 시점으로 이월되는 데이터에 가장 적합하다. 재고 데이터가 그 좋은 예이다. 이러한 차이 외에도 두 차트는 각각 개별적인 특성과 변형 형태를 가지므로 이들을 하나씩 살펴보자.

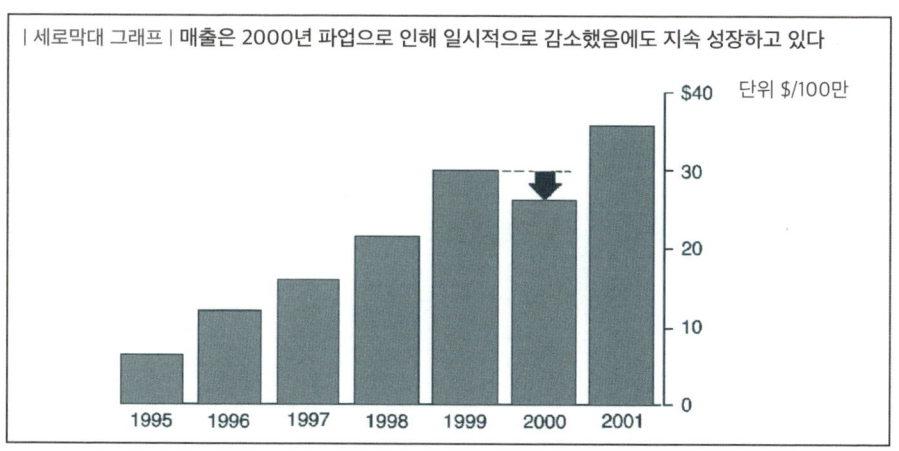

| 세로막대 그래프 | 매출은 2000년 파업으로 인해 일시적으로 감소했음에도 지속 성장하고 있다

최선의 가로막대 그래프를 만들기 위한 제안들은 그대로 세로막대 그래프에도 적용된다. 막대 간 간격이 막대 너비보다 좁아야 하고, 한 시점을 다른 시기보다 강조하거나 과거의 역사적 데이터와 미래의 전망 데이터를 구별하기 위해서는 색상과 명암을 이용하자.

가로막대 그래프와 마찬가지로 세로막대 그래프에도 차트를 수완 있고 귀한 도구로 만드는 몇 개의 변형이 있다. 이 변형은 섹션 2에서 그 효과를 보여주고 있다.

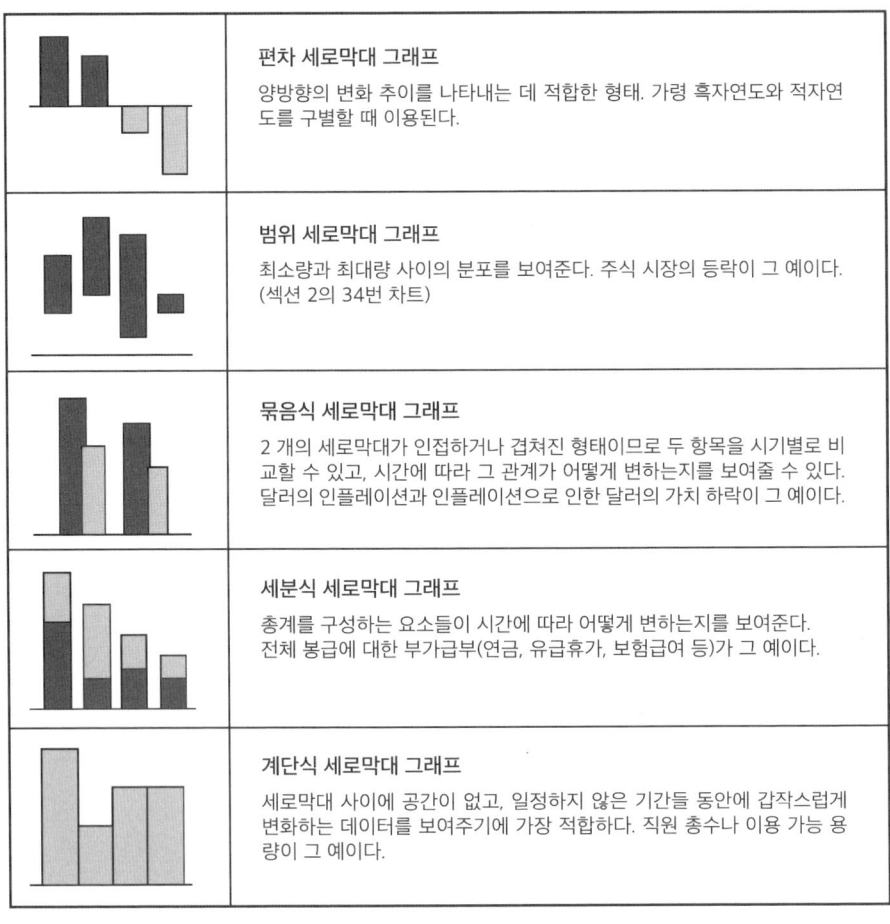

편차 세로막대 그래프
양방향의 변화 추이를 나타내는 데 적합한 형태. 가령 흑자연도와 적자연도를 구별할 때 이용된다.

범위 세로막대 그래프
최소량과 최대량 사이의 분포를 보여준다. 주식 시장의 등락이 그 예이다. (섹션 2의 34번 차트)

묶음식 세로막대 그래프
2 개의 세로막대가 인접하거나 겹쳐진 형태이므로 두 항목을 시기별로 비교할 수 있고, 시간에 따라 그 관계가 어떻게 변하는지를 보여줄 수 있다. 달러의 인플레이션과 인플레이션으로 인한 달러의 가치 하락이 그 예이다.

세분식 세로막대 그래프
총계를 구성하는 요소들이 시간에 따라 어떻게 변하는지를 보여준다. 전체 봉급에 대한 부가급부(연금, 유급휴가, 보험급여 등)가 그 예이다.

계단식 세로막대 그래프
세로막대 사이에 공간이 없고, 일정하지 않은 기간들 동안에 갑작스럽게 변화하는 데이터를 보여주기에 가장 적합하다. 직원 총수나 이용 가능 용량이 그 예이다.

　의심의 여지없이 꺾은선 그래프는 5가지 차트 형태 중 가장 자주 사용된다. 이는 꺾은선 그래프가 가장 그리기 쉽고 간결하며, 추세가 증가하고 있는지, 감소하고 있는지, 변동하고 있는지, 정체되어 있는지를 식별하기에 가장 명확하기 때문일 것이다. 꺾은선 그래프를 준비할 때에는 추세선이 축보다 굵게 표시되어야 함을 명심하자. 다음으로 축은 보조 모눈선인 수직, 수평 눈금선보다 약간 더 굵어야 한다.

　모눈 괘선은 운동경기의 심판처럼 생각하자. 그것은 참조 목적으로 사용될 뿐 위 예의 추세선과 같은 주요 관심사를 좌우하지는 않는다. 즉, 실적치와 예상치를 구분하거나, 분기별로 기간을 구분하거나, 5년 단위로 증감을 구분하기 위해 세로 괘선을 사용할 수 있다. 이와 유사하게 몇 개의 가로 괘선을 사용함으로써 독자들로 하여금 상대적인 값을 보다 쉽게 식별하도록 도울 수 있다. 예컨대 너무 많은 것과 전혀 없는 것 사이에서 당신의 판단에 따라 선택하라는 것이다.

　꺾은선 그래프에는 가로막대 그래프나 세로막대 그래프보다 훨씬 적은 2가지 변형만이 있다. 그러나 이들은 더 많은 관심을 기울일 필요가 있을 만큼 중요하다.

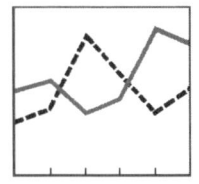 묶음식 꺾은선 그래프는 둘 또는 그 이상 항목의 추이를 비교한다. 가령 당신 회사의 추이와 경쟁사들의 추이를 비교하려면, 당신 회사를 가장 대비되는 색상이나 가장 굵은 선으로 표시하고 경쟁사들은 덜 강한 색상이나 얇은 선, 긴 점선, 짧은 점선 등으로 표시한다.

문제는 차트가 추세선이라기보다는 스파게티 면처럼 보이지 않도록 하면서 동시에 최대한 몇 개의 추세선을 표시할 수 있는지를 결정하는 일이다. 현실적으로 8개의 추세선이 그려진 꺾은선 그래프가 4개의 추세선이 그려진 그래프보다 꼭 2배 유용하지는 않다. 아마 2배 유용하기보다 2배 혼란스러울 것이다.

이 같은 혼란을 해결하는 방법은 아래에서 보듯이 일련의 작은 차트 안에 당신의 추이와 각 경쟁사의 추이를 짝을 지어 표시하는 것이다. 차트의 수가 늘어나는 것은 분명하지만 각 차트별로 더 간결한 비교가 가능해진다.

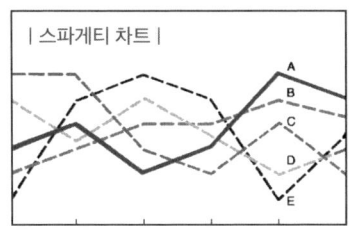

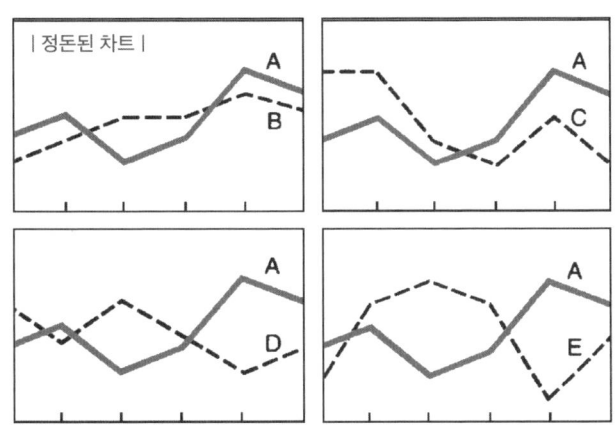

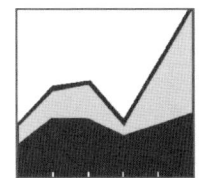
추세선과 축 사이의 영역에 색이나 명암을 입히면 면 그래프가 탄생한다. 각 시점에서 전체를 구성하는 요소별로 영역을 하위분할하면 세분식 면 그래프가 된다. 세분식 가로막대 그래프나 세로막대 그래프에서와 마찬가지로 층의 수를 5개 이하로 제한하라. 만약 그보다 더 많은 구성요소가 있을 경우에는 4개의 중요한 요소들만을 표시하고 나머지는 기타 범주로 묶어라.

모든 세분식 차트에서 가장 중요한 요소를 축 위에 배치한다. 이렇게 하면 오직 그 요소만이 직선을 기준으로 가늠되기 때문이다. 다른 모든 요소들은 그것의 높낮이에 따라 좌우된다.

앞에서 살펴본 스파게티 차트처럼 여러 층이 함께 출렁대지 않도록 하는 방법은 구성요소들을 분리하여 각각을 개별적 기준에 따라 나타냄으로써 세분식 차트를 보다 단순한 면 차트로 바꾸는 것이다.

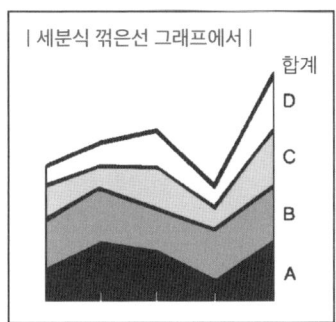

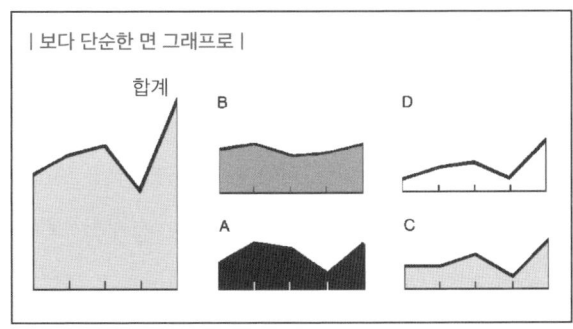

도수분포 비교유형

도수분포 비교유형은 얼마나 많은 항목(도수)이 일련의 점진적인 수치 범위분포 내에 속하는가를 나타낸다.

이 비교유형에는 두 가지 주요 응용법이 있다. 그 첫째는 관찰 표본을 기초로 하여 있음직한 사건을 일반화하는 것이다. 이 경우 도수분포는 위험, 확률 또는 가능성을 예상하는 데 사용된다. 이 용도의 한 예가 화물이 5일 내에 배달될 가능성이 25%라는 것을 보여주는 것이다. 또 다른 예는 크랩 게임(주사위 2개를 굴려서 2, 3, 12가 나오거나 두 번째 이후 7이 나오면 내기에 지고 또 던지는 권리도 잃는 게임-옮긴이)을 할 때, 주사위를 던져 7이 나와 질 확률처럼 불확실성을 모든 가능한 결과의 백분율로 묘사하는 것이다(7이 나올 확률은 1/6이다).

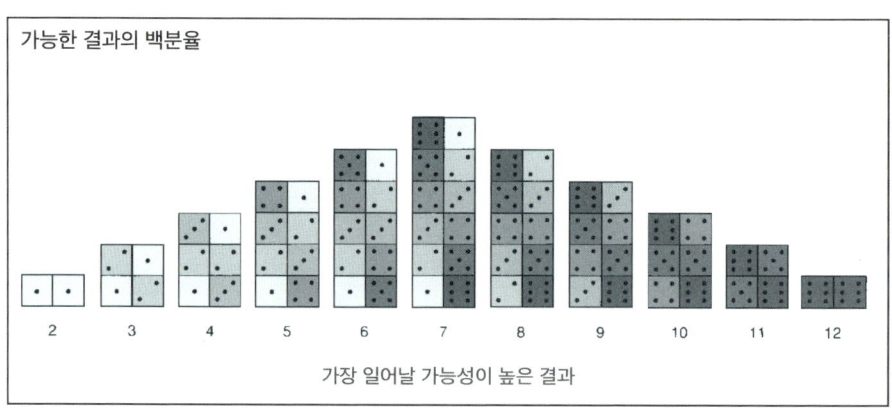

이 응용과 관련된 종 모양 곡선과 도수 다각형은 수학법칙에 따라야 한다. 이들 곡선은 원래 분석적 목적으로 사용되기 때문에 이 책의 관심사가 아니다.

두 번째 응용은 사업 프레젠테이션이나 보고서에서 자주 볼 수 있는 것으로, 요소들 사이의 어떤 의미 있는 관계를 나타내기 위해 방대한 양의 데이터를 요약하는 것이다(가령 출하의 25%는 5, 6일 내에 배달된다). 특히 이 응용법은 봉급 범위별 직원 수, 소득수준별 가구분포, 연령별 투표성향 등의 인구통계학적 정보를 표현하는 데 유용하다. 국가 차원의 인구조사가 실시되는 때 또는 대통령 선거가 시행되는 4년마다 도수분포를 이 방법으로 흔히 사용하리라는 것을 예상할 수 있을 것이다.

이때 도수분포를 가장 잘 표현하는 것은 계단형 세로막대 그래프(히스토그램)나 선 그래프(히스토그래프)다. 세로막대 그래프는 5~7개의 적은 수의 범위를 다룰 때 사용하는 것이 좋고, 많은 수의 범위를 다룰 때에는 선 그래프가 더 낫다.

다음의 차트에는 두 개의 축이 있다. 세로축(도수)은 항목 또는 사건발생의 횟수(때때로 백분율)를 나타내고 가로축(분포)은 범위를 나타낸다. 이때 분포축은 특별한 주의를 요한다.

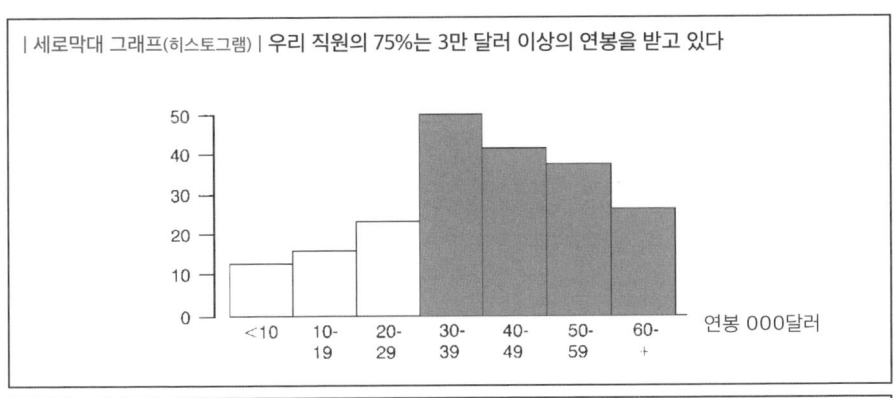

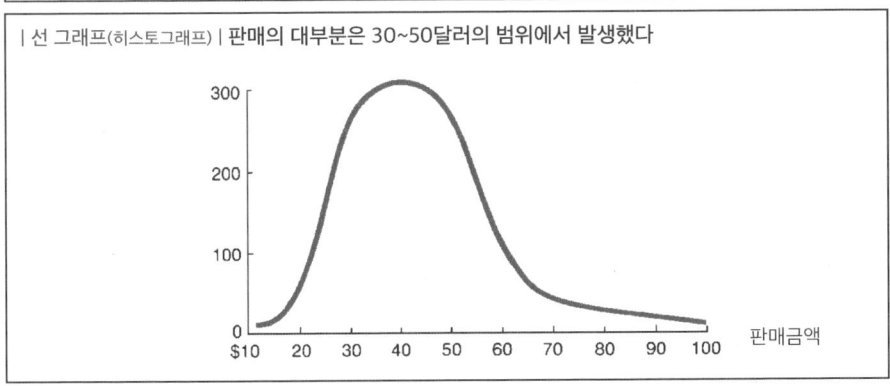

- **범위의 크기** : 그룹의 수는 분포 패턴이 만들어지는 데 중요하다. 그룹 수가 너무 적으면 패턴이 드러나지 않고, 수가 너무 많으면 패턴이 해체된다. 일반적인 규칙은 5~20개의 그룹을 사용하는 것이다.

50개 주 공립학교 교사들에게 지불되는 평균연봉의 분포 패턴을 나타내려 한다고 해보자.

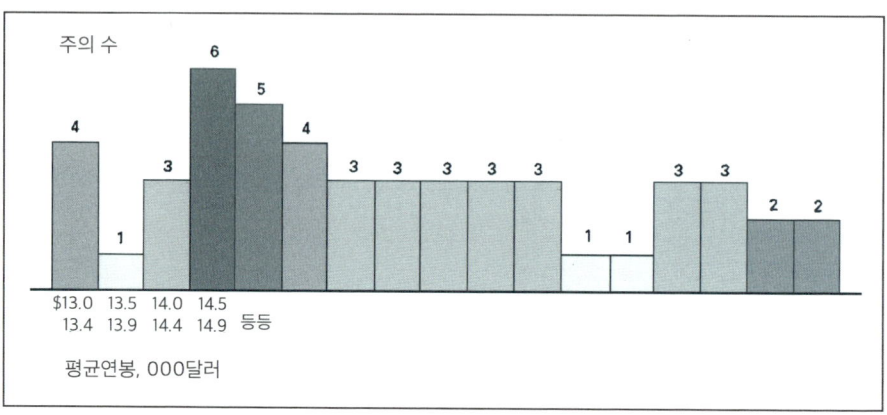

평균연봉을 500달러 단위로 증가시키며 범위를 설정하면 눈에 띄는 패턴이 나타나지 않는다.

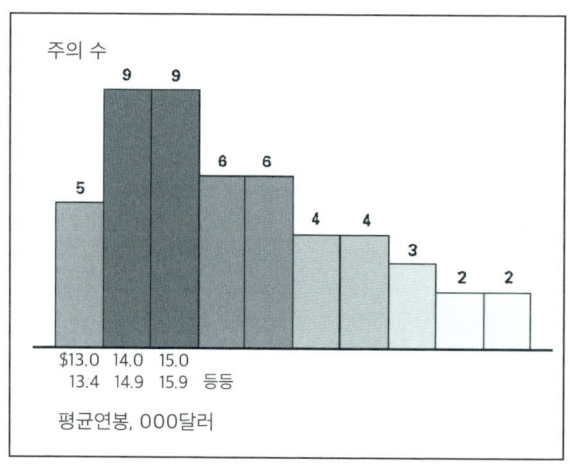

평균연봉을 1,000달러 단위로 증가시키며 범위를 설정하면 하나의 패턴이 나타나기 시작한다.

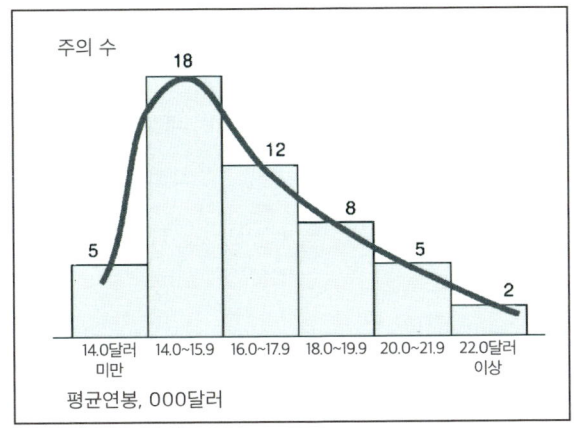

그러나 2,000달러 증가분으로 범위를 설정하고서야 비로소 도수분포에서 흔히 볼 수 있는 종 모양 곡선이 분명히 나타난다. 이 예에서 곡선은 분포의 낮은 쪽인 왼쪽으로 치우쳐 있어서, 거의 절반에 가까운 주(50개 주 가운데 23개 주)가 교사에게 1년에 1만 6,000달러 미만을 지불하고 있다는 메시지를 암시하고 있다.

• **집단의 크기** : 같은 크기의 집단을 사용하는 것이 최선이다. 가령 하나의 집단은 5달러 범위로, 다음 집단은 20달러 범위로 나타내면 분포의 형태는 왜곡되고 만다. 다만 데이터가 동일한 간격으로 기록되지 않은 경우(예컨대 교육수준), 혹은 개인의 소득세 계층처럼 불균등한 간격으로 나타내는 것이 더 바람직한 경우는 예외가 된다. 왜냐하면 소득은 그 범위가 매우 넓을 뿐만 아니라, 많은 사람이 하위 말단에 속하는 반면 상위 말단에는 극소수의 사람만이 속하기 때문에 동일한 간격을 사용하는 것은 바람직하지 않다.

만약 1,000달러 간격으로 범위를 설정하면 차트는 수 미터 크기가 될 것이고, 4만 달러 간격으로 범위를 설정하면 실질적으로 모든 사람이 첫 번째 집단에 속하게 될 것이다. 따라서 차트가 더 많은 정보를 제고하게 하려면, 하위집단에서는 간격을 작게 하고 상위집단에서는 간격을 크게 하는 것이 바람직하다.

• **정확한 설명** : 집단의 크기를 분명히 설명해야 한다. 0~10, 10~20, 20~30처럼 중복으로 크기를 표시하면 중복되는 숫자가 어느 집단에 속하는지를 알 수 없게 된다. 달러 거래와 같은 연속적인 데이터에 대해서는 10 달러 미만, 10~19.99달러, 20.00~20.99달러 등으로 표시하는 것이 보다 바람직하다. 생산된 차량의 수와 같은 불연속 데이터에 대해서는 10, 10~19, 20~29 등으로 표시하는 것이 좋다.

히스토그램과 히스토그래프 모두 묶어서 표현할 수 있다. 예를 들어 특정한 해의 분포를 다른 해의 분포에 대비하여 보여주거나, 당신의 직원의 연령분포를 경쟁사의 분포 또는 산업평균 분포와 비교하고자 할 때 묶음식 그래프를 사용할 수 있다.

또한 절대적 수치를 사용했을 경우에는 이를 세분화하여 구성요소들이 어떻게 전체를 이루는지 보여줄 수 있다.

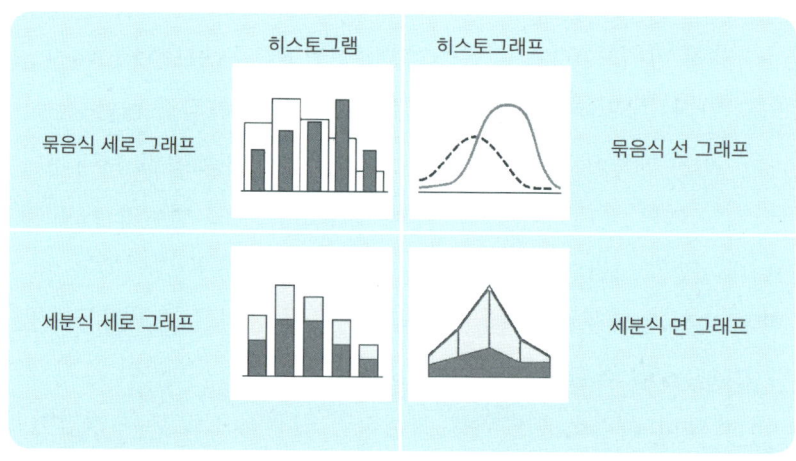

*주의 : 도수가 백분율로 표시되어 있는 경우, 도수분포를 세분화하는 것은 잘못이다. 예를 들어 여성의 60%가 시간당 5~10달러를 벌고 남성의 50%가 같은 범위의 금액을 번다고 해서 이를 단순 합산하여 110%의 사람들이 시간당 5~10달러를 번다고 말할 수는 없다.

상관관계 비교유형

상관관계 비교유형은 두 변수 사이의 관계가 당신이 보통 기대하는 패턴을 따르는지, 또는 그 패턴에서 벗어났는지를 나타낸다. 예컨대 당신은 보통 경험이 많은 판매원이 경험이 적은 판매원에 비해 더 많은 판매실적을 올릴 것으로 기대할 것이다. 또한 더 많은 교육을 받은 직원이 더 많은 초임을 받을 것으로 기대할 것이다.

이 같은 비교유형은 종종 산포도로 불리는 점 그래프 또는 짝 가로막대 그래프로 가장 잘 표현된다. 각각을 차례로 살펴보자.

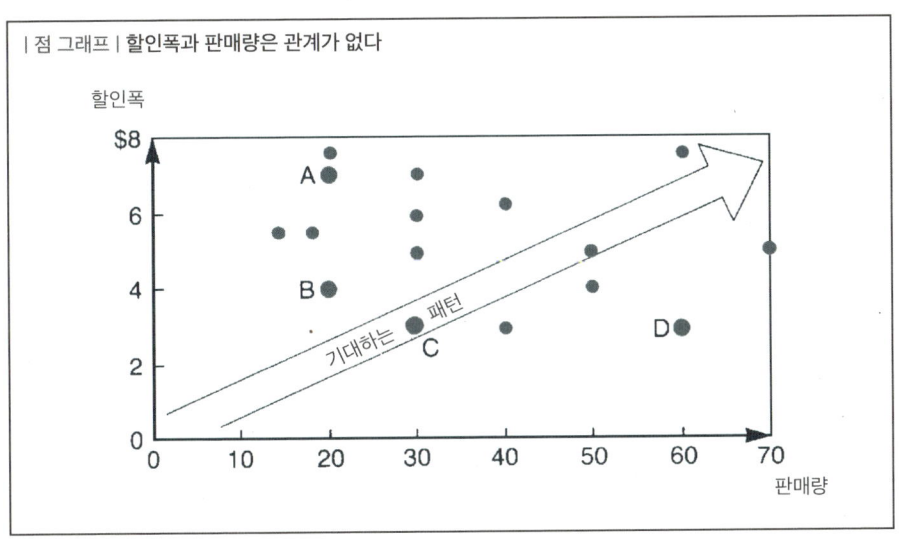

위 차트는 제시된 할인폭 및 판매된 단위수를 기준으로 16개 거래를 나타내고 있다. 보통 당신은 할인폭이 클수록 더 많은 단위를 구매할 유인이 커진다고 기대할 것이다. 그러나 위 점 그래프는 이 같은 상관관계가 존재하지 않음을 보여주고 있다.

예를 들어 두 판매원의 거래를 나타내는 A점과 B점을 살펴보자. 두 판매원 모두 20단위(가로축)를 판매했다. 그러나 A는 7달러의 할인을 제시한 반면 B는 4달러의 할인(세로축)만을 제시했다. 이를 다른 관점에서 살펴보면, 판매원 C와 D는 모두 3달러의 할인을 제시했으나, 명백히 할인폭이 판매량에 미친 영향은 극히 미미하거나 전혀 없었다.

만약 당신이 기대했던 상관관계가 실제로 존재했다면, 표시점들은 차트에서 빈 화살표로 표시된 왼쪽 하단에서 오른쪽 상단으로 뻗은 대각선을 중심으로 밀집해 있었을 것이다. 기대패턴을 강조하기 위해 이 같은 화살표를 삽입하는 것은 좋은 방법이다. 물론 가격이 감소할 때 판매량이 증가하는 것처럼 화살표가 아래쪽을 향할 때도 있다. 이 화살표를 수학적으로 계산된 '최적치의 선', 즉 표시된 값들의 패턴을 강조하도록 점들에 맞게 그려진 곡선과 혼동해서는 안 된다.

이 점 그래프들은 프레젠테이션, 보고서, 일부 경영 잡지에서 점점 더 많이 사용되고 있다. 점 그래프를 이용할 계획이라면, 메시지를 제시하기 전에 인내심을 갖고 청중이나 독자들에게 차트를 읽는 방법을 설명하자.

어지러워 보일 수 있다는 점을 제외하고도 점 그래프 사용의 어려운 점은 표시점들이 무엇인지 밝히는 일이다. 각 판매원에 해당하는 점 옆에 판매원의 이름을 삽입하면 차트가 한층 더 복잡해질 뿐만 아니라 근시안처럼 점을 알아볼 수 없게 된다. 한 가지 가능한 선택은 각 점을 차트의 어딘가 다른 곳에 전체 이름을 표기하되, 각 이름에 대응되는 문자나 숫자로 점을 구분하고 범례를 사용하는 방법이다. 그러나 보다 바람직한 방법은 쌍 가로막대 그래프를 사용하는 것이다.

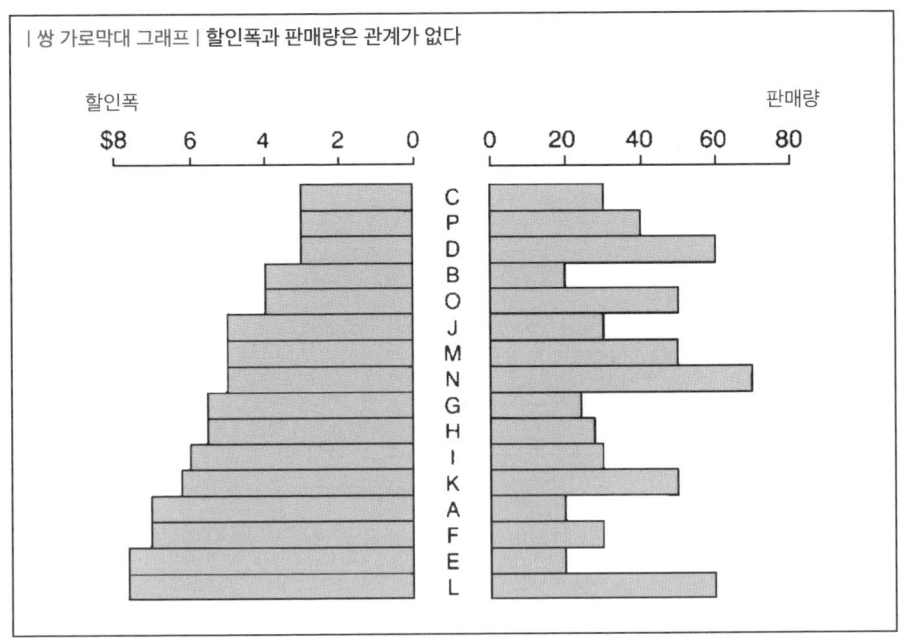

한 쌍의 가로막대 사이에 표시된 값들의 항목 이름을 표기할 공간이 생겼음을 볼 수 있다. 쌍 가로막대 그래프에서는 그래프의 왼쪽에 독립변수를 오름차순 또는 내림차순으로 정렬하는 것이 일반적이다.

기대패턴과 실제패턴 간의 관계가 안정적이면, 오른쪽의 종속변수 가로막대들은 왼쪽 가로막대들의 거울 이미지를 형성할 것이다. 즉, 낮은 할인폭은 낮은 판매량을 비추고, 높은 할인폭은 높은 판매량과 짝을 이룰 것이다. 그 관계가 기대와 다를 경우에는 위 예에서 보듯이 양쪽 가로막대들이 서로 어긋나게 될 것이다.

쌍 가로막대 그래프에는 변형이 없으나 점 그래프에는 언급할 가치가 있는 변형이 많다.

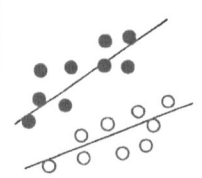

묶음식 점 그래프는 두 항목 또는 한 항목의 다른 시기 간 상관관계를 나타낸다. 여기서는 채워진 점과 빈 점을 사용했지만 사각형, 삼각형, 별 모양 등 기타 적절한 기호들을 사용할 수도 있다.

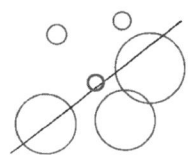

크기가 다른 점으로 표현된 물방울 차트에서는 제3의 변수가 소개되고 있다. 가령 판매량과 이윤이 두 축일 때, 점의 크기는 해당 산업 내에서 각 기업의 상대적 자산규모를 나타낼 수 있다.

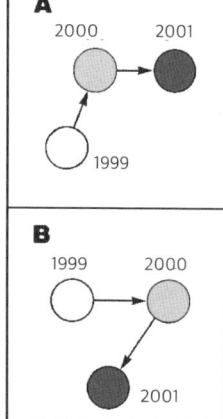

시간 점 그래프는 상관관계의 시간적 변화를 나타낸다. 모든 변화를 하나의 차트 안에 표시하려는 버릇을 버리고, 각각을 개별 차트로 분리하자.

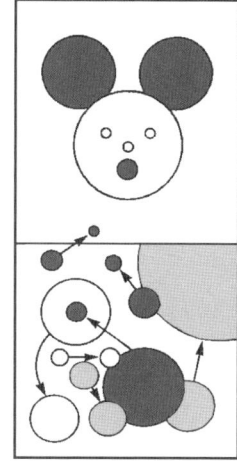

위 모든 차트가 뒤섞인 경우 점 그래프는 단순한 형태로 유지하자. 그렇지 않으면 차트는 미키마우스나 스타워즈에게 바치는 꼴이 될 것이다(그래프의 모양을 살펴보라).

이제 당신은 데이터를 분석하여 도출한 메시지에 내포된 5가지 기본 비교유형이 무엇인지, 또 그 비교유형을 가장 잘 표현할 수 있는 차트 형태가 무엇인지 알고 있다.

이 과정을 실제연습에서 적용할 수 있는지 보기 위해, 다음 2개의 연습과제를 통해 스스로를 테스트해보자. 그런 다음 섹션 2의 효과적인 차트의 쇼핑목록을 다시 보고 그것을 필요할 때마다 참고하자.

연습과제 1

B단계(비교유형 판별하기)의 마지막에서 했던 연습과제로 돌아가보자. 이제 12개의 메시지별로 적합한 차트 형태를 선택하는 단계로 나아가자.

다음 페이지에는 12개의 메시지가 당신이 판별한 비교유형과 함께 제시되어 있다. 아래 행렬을 참고하여 적절한 차트를 선택하고 각각의 메시지를 뒷받침하기 위해 사용할 차트를 그려보라.

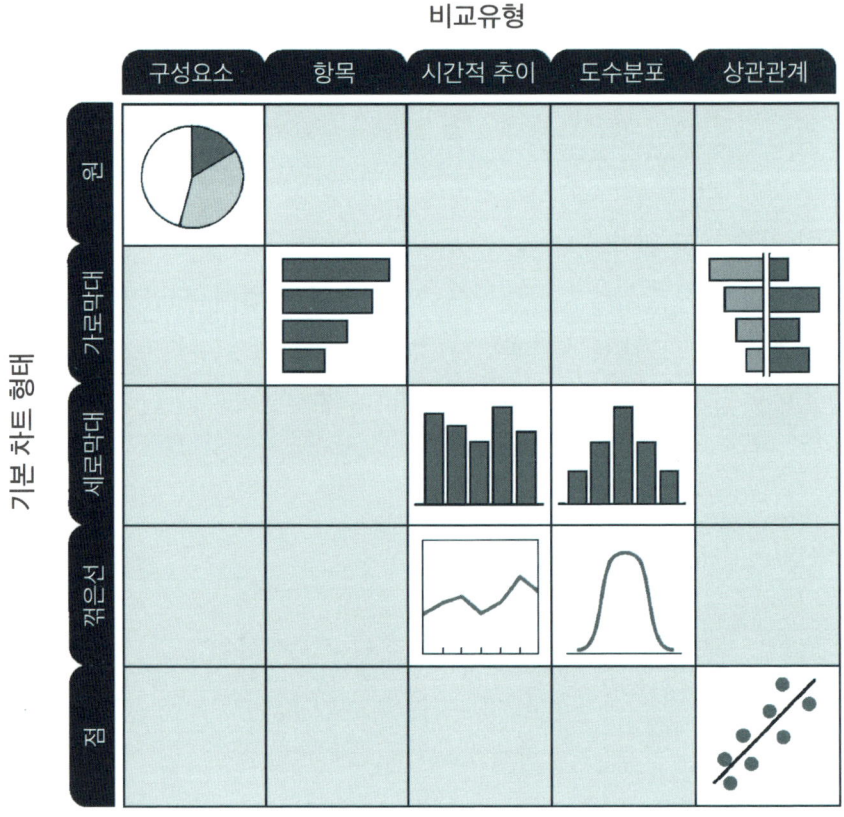

차트를 그리는 동안 우리가 앞에서 발견한 중요한 2가지 사실을 명심하자.

1. 어떤 차트를 사용할 것인지 말해주는 것은 데이터나 측정단위가 아니라, 당신이 말하고자 하는 바이다. 예를 들어 4, 6, 7번 예제는 모두 재직기간이 측정기준이지만 각 경우에서 내포된 비교유형은 달라서 서로 상이한 차트 형태를 선택하게 된다. 따라서 당신의 메시지 안에 단서가 되는 단어들에 주목하자. 연습과제 다음에 있는 해답에서는 이들 단어에 밑줄을 그어 표시했다.
2. 우리가 여기서 하고 있는 것처럼 데이터가 없는 경우에도, 내 동료가 '메시지 시각화(엉망진창의 시각화가 아니라)'라고 부르는 방법을 통해 어떤 차트를 사용할 것인지 결정할 수 있다. 차트가 제 역할을 할 것인지의 여부를 확인하는 가장 간단한 테스트는 완성된 차트에 대해 '나는 메시지 제목이 말하는 바를 보고 있는가?'라고 자문해보는 것이다. 즉, '차트와 제목이 조화를 이루고 있는가?', '차트가 제목을 뒷받침하는가?', '제목이 차트를 보강하고 있는가?'를 점검해봐야 한다. 만약 내가 제목에서 '매출액이 눈에 띄게 증가했다'라고 말했다면 나는 가파르게 상승하고 있는 추세를 보고자 하는 것이다. 만약 그렇지 않고 추세가 기준선과 평행하게 나타난다면, 이는 즉각 '차트에 대해 다시 생각해보라'는 신호다.

시간적 추이 비교유형이나 도수분포에 대해 당신은 세로막대 그래프를 선택한 반면 내가 꺾은선 그래프를 사용했거나, 상관관계에 대해 당신은 점 그래프를 나는 쌍 가로막대 그래프를 사용한 경우에 대해 우려하지 말라. 해답의 선택은 어디까지나 임의적이다.

1. 향후 10년간 매출액이 증가할 것으로 전망된다	2. 3만~3만 5,000달러 범위의 수입을 얻는 직원이 가장 많다
시간적 추이	**도수분포**

3. 고가의 휘발유 상표가 더 좋은 품질을 의미하지는 않는다	4. 6개 부서의 9월 이직률은 거의 같았다
상관관계	**항목**

5. 판매 관리자가 현장에서 보내는 시간은 근무시간의 겨우 15%에 불과하다	6. 공헌도는 재직기간과 무관하다
구성요소	**상관관계**

7. 지난해 대부분의 이직은 30~35세의 연령 집단에서 발생했다

도수분포

8. C 지역의 생산성 순위가 최하위다

항목

9. 우리 회사의 주당 수익률이 감소하고 있다

시간적 추이

10. 총자금 중 가장 많은 부분이 생산에 할당된다

구성요소

11. 수익성과 보수는 관계가 있다

상관관계

12. 8월에는 2개 공장의 생산력이 다른 6개 공장의 생산력을 큰 차이로 앞섰다

항목

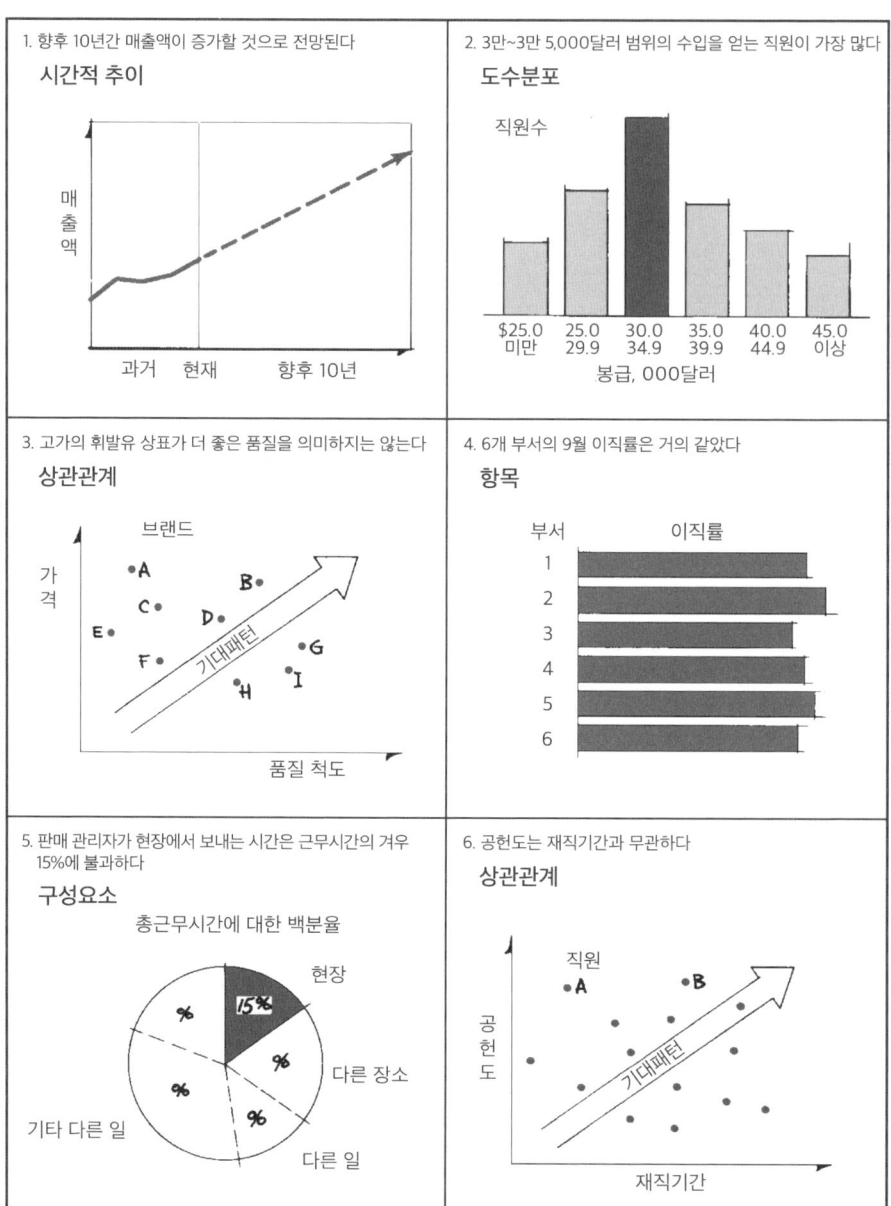

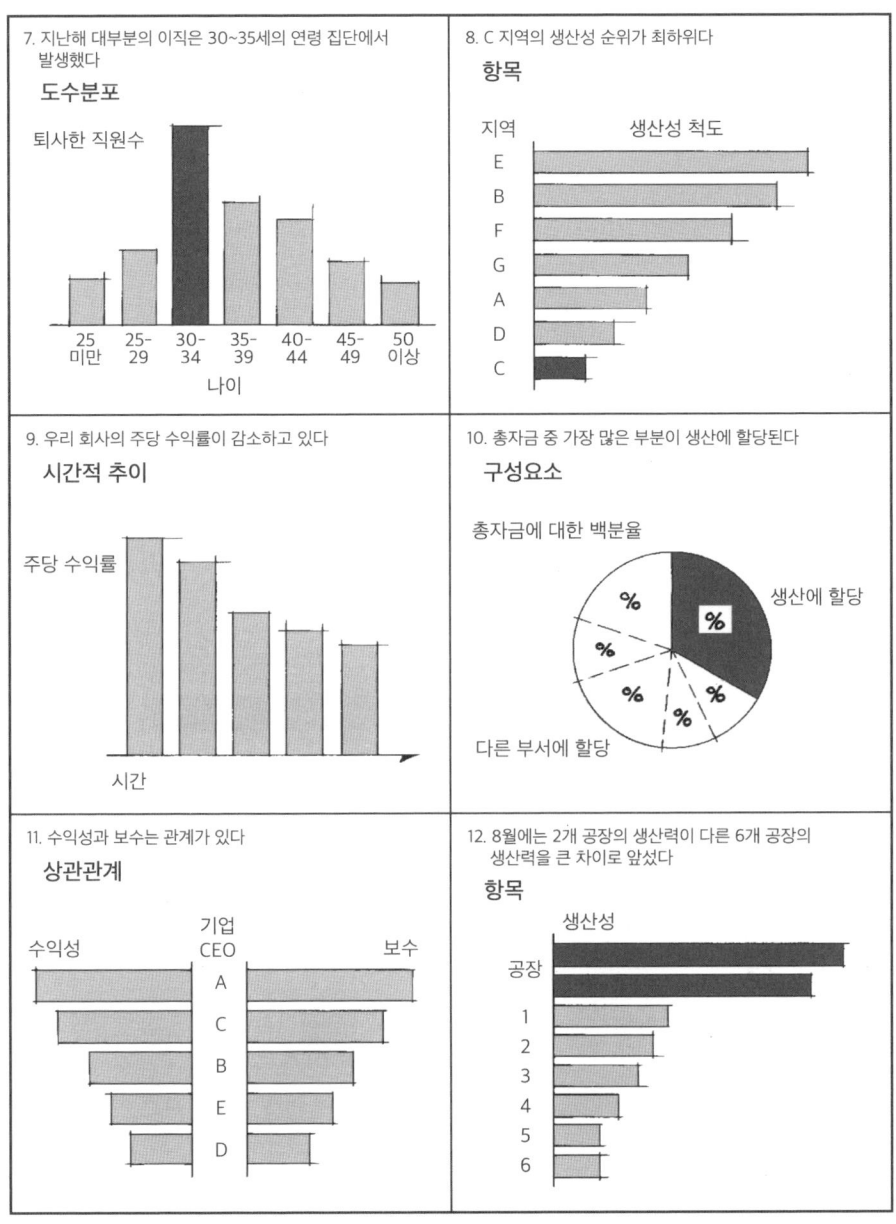

연습과제 2

물론 실제로 비즈니스의 세계에서는 데이터를 가지고 이 과정을 진행할 것이다. 그래서 표 형태의 정보를 이용하는 마지막 연습과제에 이 방법을 적용해보자.

이어지는 페이지들에는 가상의 장난감 산업을 분석하여 얻은 몇 개의 데이터 집합이 제시되어 있다. 이 산업은 상상의 장난감인 오리블럭, 롤러코스코, 원더걸, 씽크토이, 파워맨 등을 생산한다. 6개의 경쟁사로 구성되어 있으며, 우리 회사는 크라이얼라트 사이다.

주어진 지시사항 및 데이터에 따라 적절한 차트를 그려보자.

각각의 예에서 반드시 메시지가 함축하고 있는 비교유형의 종류를 파악한 후 아래 행렬을 참고하여 적절한 차트 형태를 선택하도록 하자. 더불어 메시지형 제목을 달아 각 차트가 우리 회사에 대해 말하고자 하는 요점을 보강하자. 각 문제에 대한 해답은 뒤에 있다.

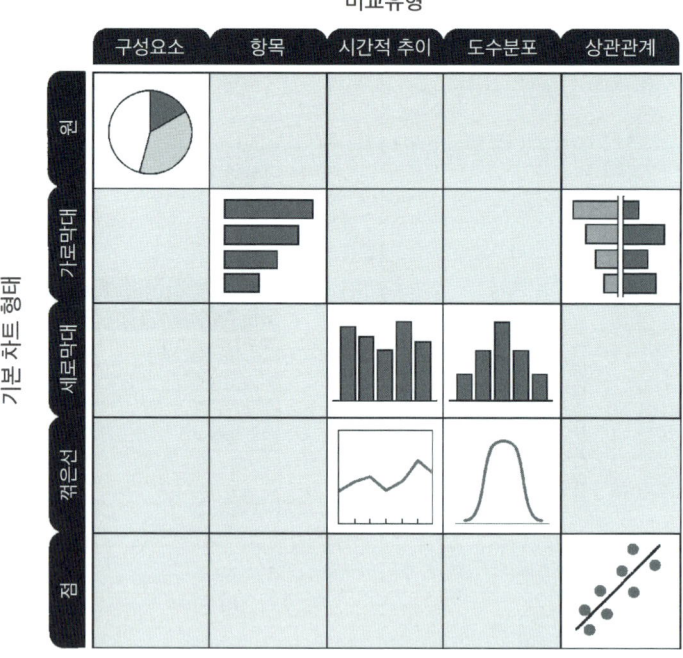

예제 1

다음 데이터를 기초로, 2001년에 크라이얼라트 사가 가상 장난감 산업에서 차지하는 판매점유율을 다른 경쟁사와 비교하여 나타내보자.

2001년 회사별 판매 점유율	
크라이얼라트	19.3%
경쟁사 A	10.1%
경쟁사 B	16.6%
경쟁사 C	12.4%
경쟁사 D	31.8%
경쟁사 E	9.8%
	100%

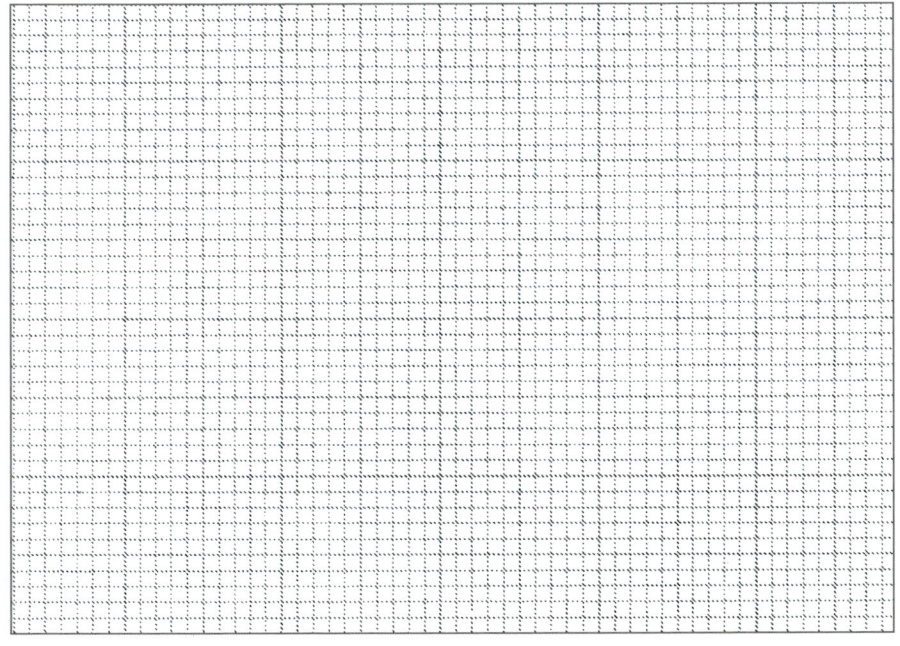

> 해답

 예제 1에서는 '2001년 판매점유율'이라는 구절이 전체의 백분율로 표시하고 각 부분의 크기를 나타내는 구성요소 비교유형의 단서가 된다. 또한, 하나의 총계에 대해 논의하고 있으므로 원 그래프가 필요하다.

 아래에서 구성요소들은 점유율이 가장 높은 회사부터 가장 낮은 회사까지 시계반대 방향으로 배열되었고, 크라이얼라트 사는 점유율이 두 번째로 높은 것으로 위치가 정해졌다. 이때 우리 회사의 점유율을 강조하기 위해서 해당 부채꼴을 검게 표시했다.

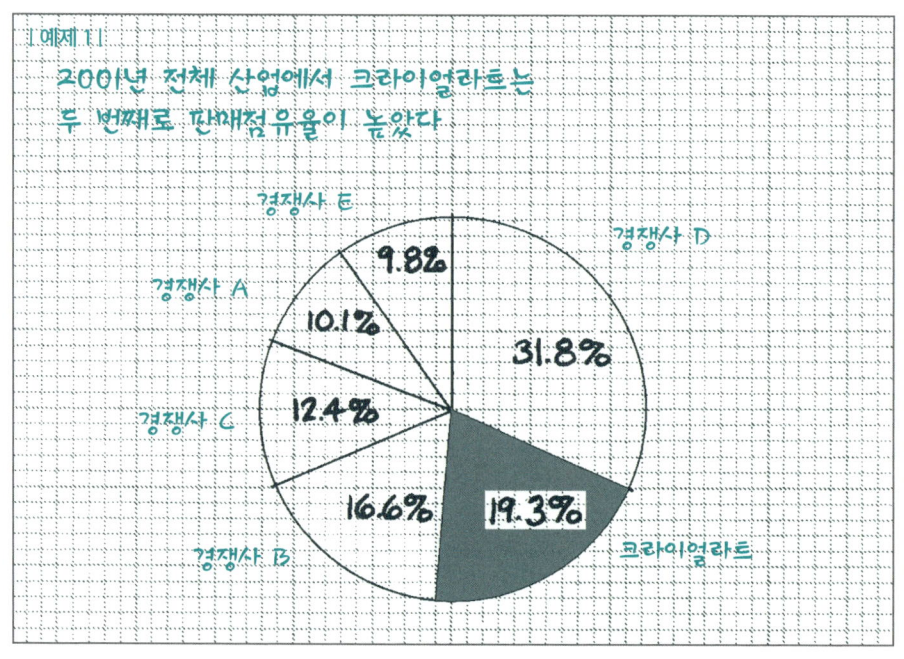

예제 2

2001년 전체 산업에서 크라이얼라트의 자산수익률 순위가 어떠했는지 나타내는 차트를 그려보자.

2001년 자산수익률

크라이얼라트	8.3%
경쟁사 A	9.8%
경쟁사 B	15.9%
경쟁사 C	22.4%
경쟁사 D	14.7%
경쟁사 E	19.1%

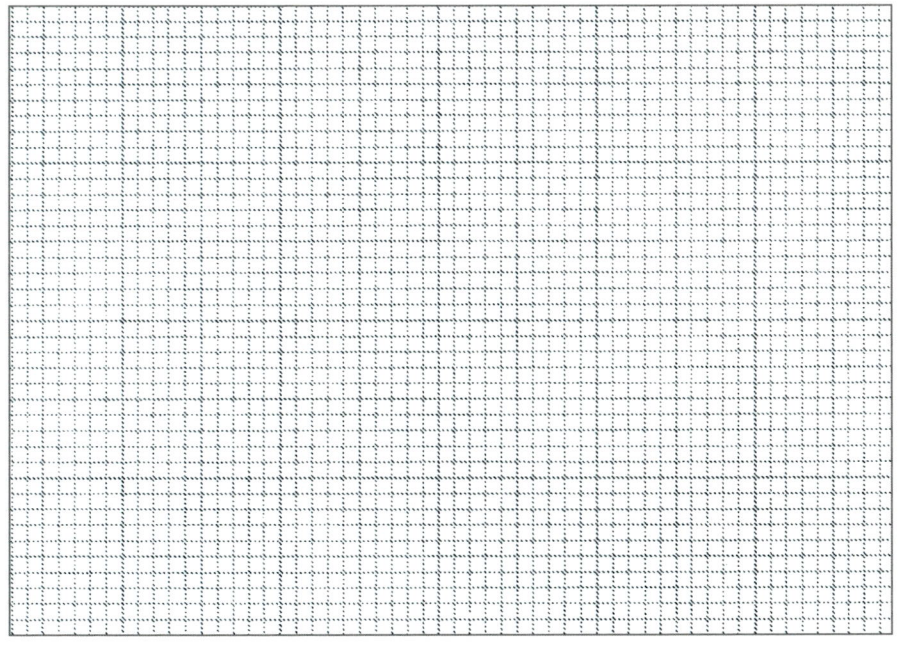

해답

예제 2에서는 '순위'라는 단어가 항목 비교유형을 암시하는 단서이다. 여기서 우리는 어느 회사가 가장 높은 자산수익률을 기록했고, 어느 회사가 가장 낮은 자산수익률을 기록했는지 알고 싶어 한다.

이 경우 크라이얼라트의 순위가 최하위다. 아래 가로막대 그래프가 크라이얼라트를 가장 아래에 배치하고, 그에 해당하는 가로막대를 가장 짙게 색칠함으로써 어떻게 이 같은 요점을 강조하는지 주목하자.

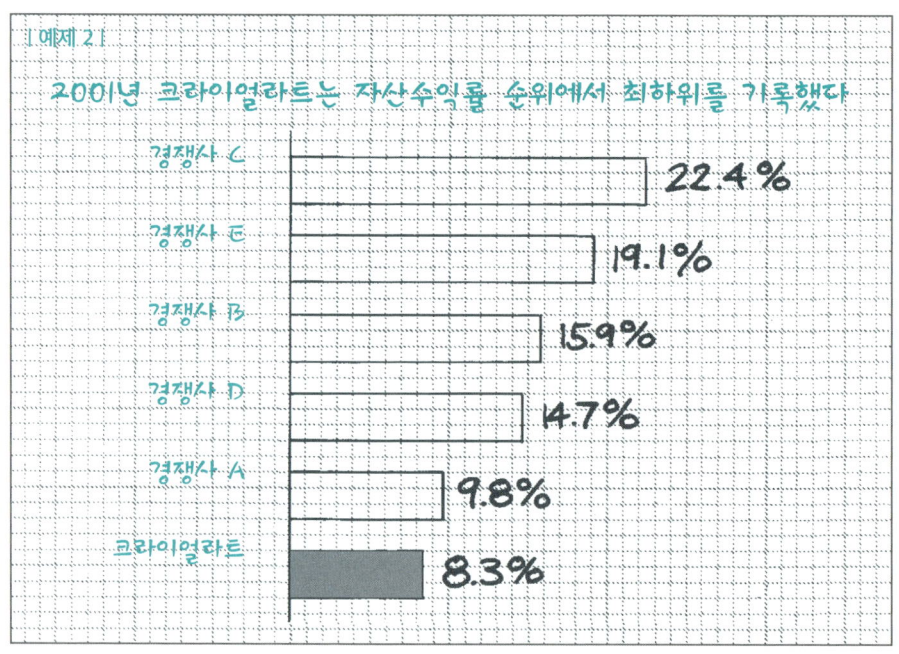

예제 3

2001년 가상 장난감 산업에서 판매점유율과 자산수익률 사이에 관련성이 존재하는지 여부를 나타내는 차트를 그려보자.

2001년 판매점유율		2001년 자산수익률	
크라이얼라트	19.3%	크라이얼라트	8.3%
경쟁사 A	10.1%	경쟁사 A	9.8%
경쟁사 B	16.6%	경쟁사 B	15.9%
경쟁사 C	12.4%	경쟁사 C	22.4%
경쟁사 D	31.8%	경쟁사 D	14.7%
경쟁사 E	9.8%	경쟁사 E	19.1%

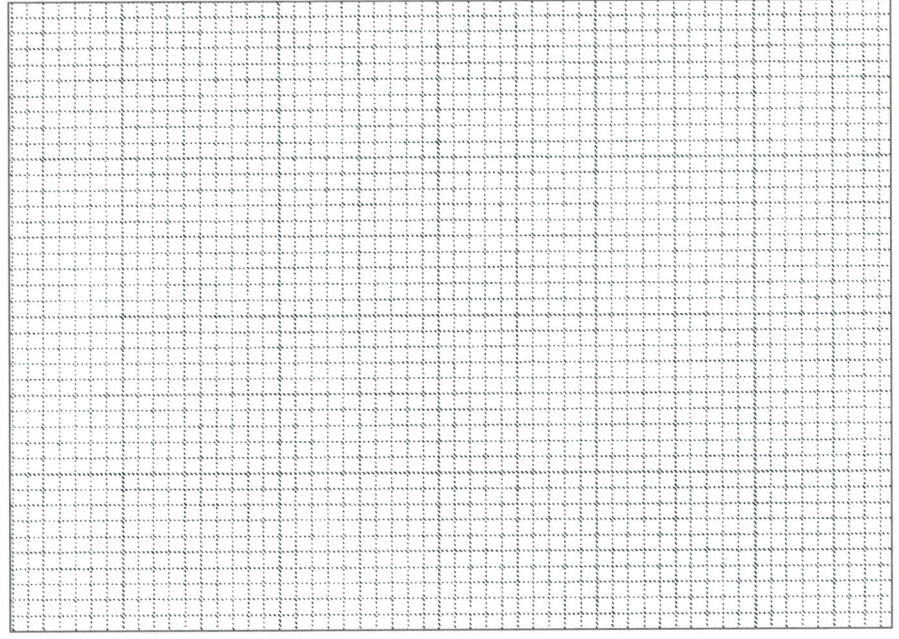

> **해답**

우리는 일반적으로 판매점유율과 자산수익률 사이에 관련성이 있을 것으로 기대한다. 즉, 점유율이 높을수록 수익률도 높을 것으로 예상하는 것이다. 한편 여기서 제시된 데이터는 그렇지 않다는 점을 보여준다. 예를 들어 크라이얼라트는 두 번째로 점유율이 높지만, 자산수익률은 시장점유율이 4위인 경쟁사 C보다도 낮다.

이 경우 점 그래프를 사용하는 것도 좋겠지만, 쌍 가로막대 그래프를 사용하면 각 막대 그래프 쌍에 보다 효과적으로 이름을 표기할 수 있다.

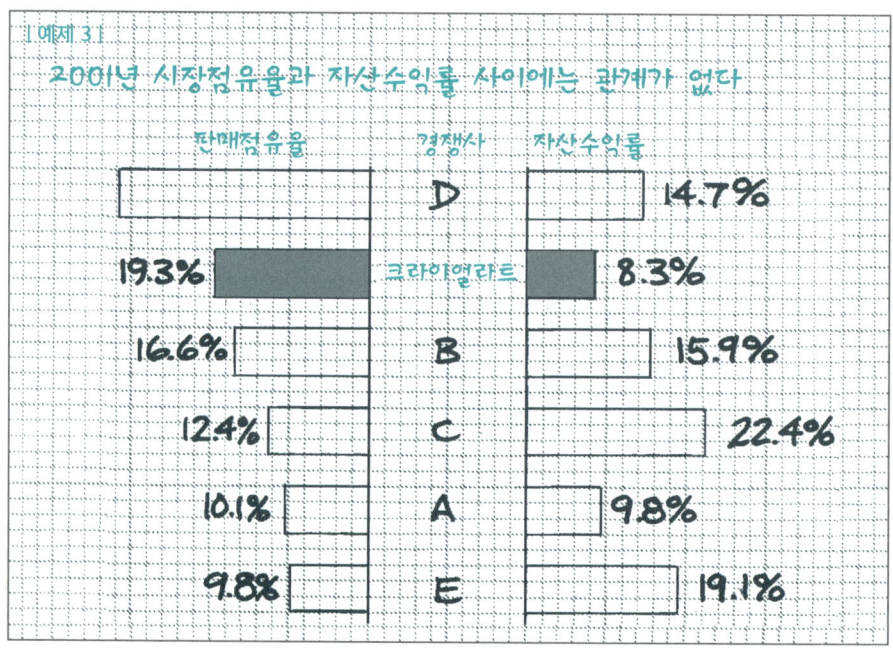

예제 4

1997년에서 2001년 중 크라이얼라트의 매출추이와 수익추이를 나타내는 차트를 그려보자. 1997년을 기준년도로 하되, 그 이후 연도들은 기준년도에 대한 백분율로 표시하자.

크라이얼라트의 순매출액			크라이얼라트의 수익규모		
	100만 달러	1997=100		100만 달러	1997=100
1997	$387	100	1997	$24	100
1998	420	109	1998	39	162
1999	477	123	1999	35	146
2000	513	133	2000	45	188
2001	530	137	2001	29	121

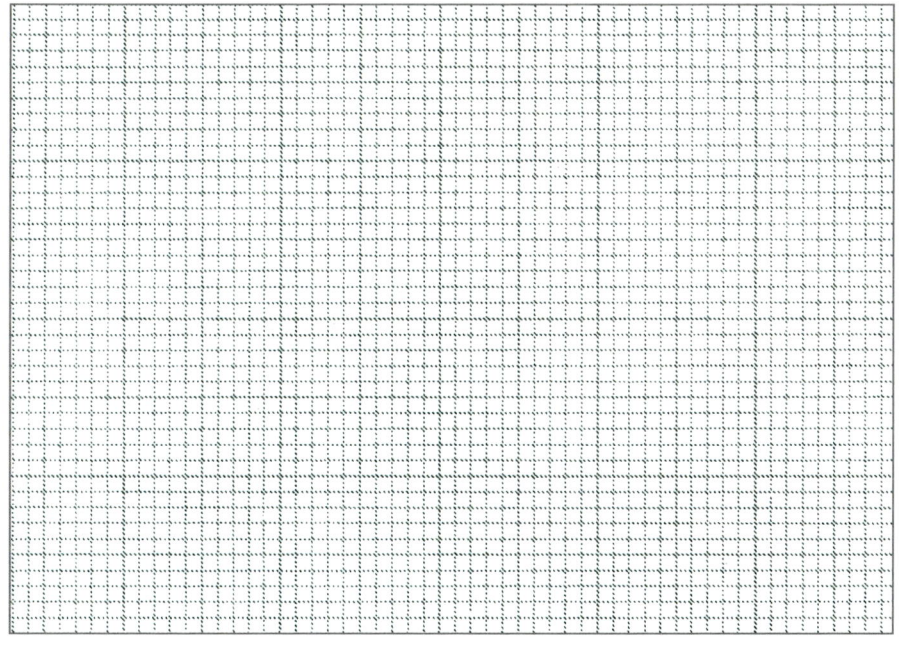

> 해답

예제 4는 시간에 따른 변화를 나타내는 것이 필요하다. 이것은 시간적 추이 비교유형으로, 꺾은선 그래프가 그 목적에 가장 잘 부합된다.

우리는 절대적 수치의 데이터를 기준값(1993년 값)에 대한 백분율로 전환했다. 이는 2,900만 달러 대 5억 3,000만 달러와 같이 크게 괴리된 수치에 대해 공통적이고 보다 명확한 비교 기저를 마련하기 위해서다.

이 예는 표 형태의 데이터에 비해 차트가 지니는 가치를 잘 보여주고 있다. 아래 차트는 수익의 변덕스러운 패턴을 확실히 나타내고 있는데, 만약 표 형태로 데이터를 그대로 두었다면 이 같은 패턴은 명확하게 드러나지 않았을 것이다.

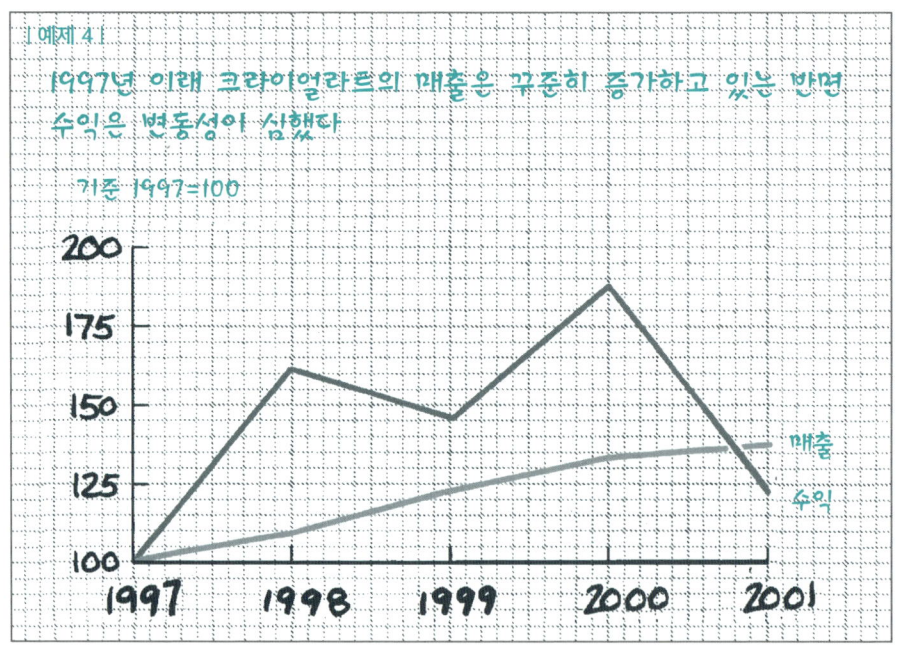

예제 5

2001년에는 우리 회사 매출의 대부분은 경쟁사 D와 달리 비교적 저가 모델인 파워맨이 차지했음을 나타내는 차트를 그려라.

판매 단위수, 000

판매가격	크라이얼라트	경쟁사 D
5달러 미만	320	280
$5.00-$9.99	770	340
$10.00-$14.99	410	615
$15.00-$19.99	260	890
20달러 이상	105	550

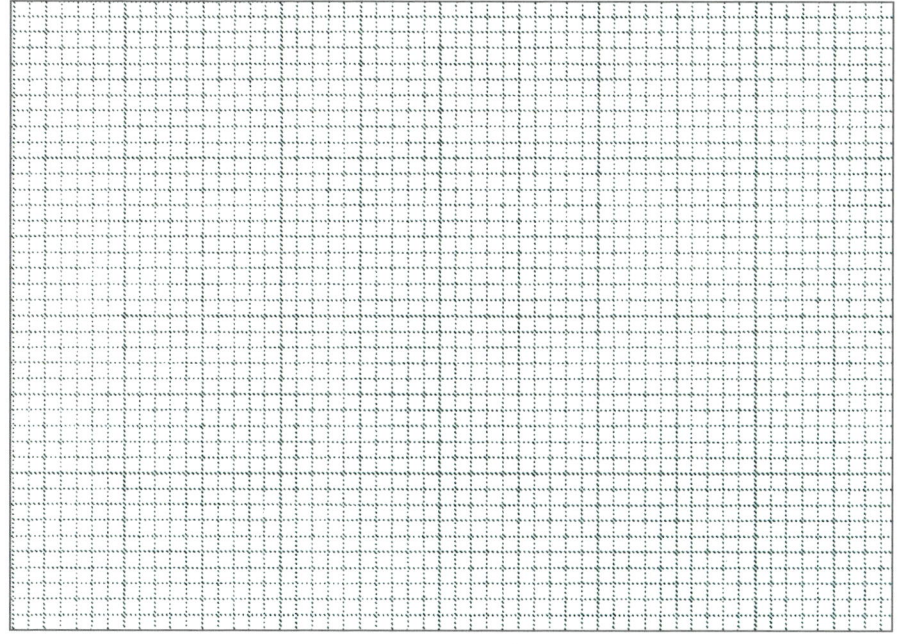

해답

예제 5는 특정 가격 범위 내에서 판매된 단위수를 나타내는 도수분포 비교유형에 해당된다. 아래 차트에서는 크라이얼라트를 세로막대 그래프로 표현하는 한편, 경쟁사 D는 계단형 세로막대 그래프로 표현했다. 2개의 선을 겹쳐서 나타낼 수도 있겠지만, 데이터 포인트가 극히 적은 경우에는 세로막대가 더 적절하다.

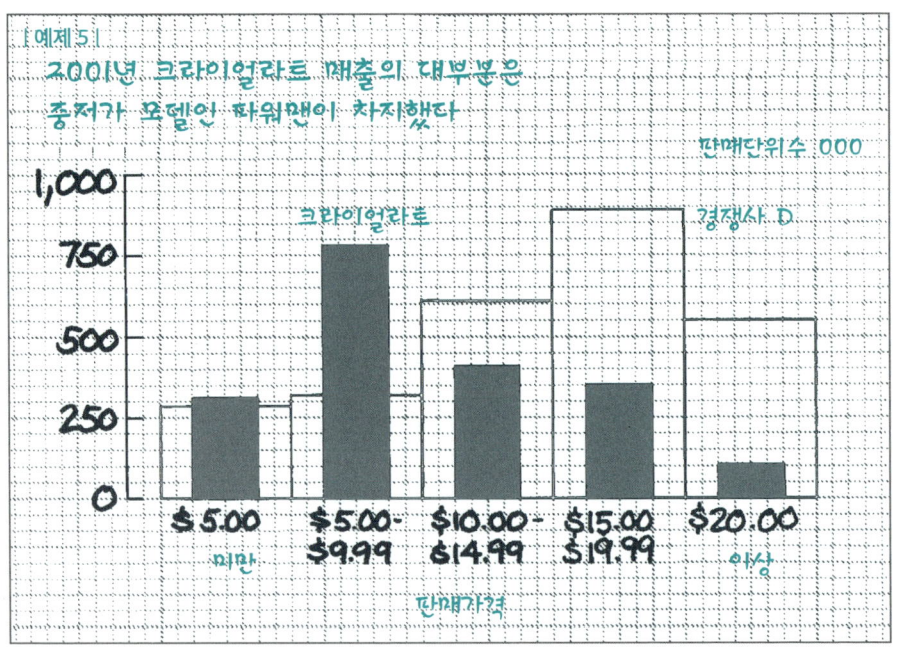

예제 6

2001년 우리 회사의 판매 제품의 구성이 경쟁사 D와 어떻게 다른지 나타내는 차트를 그려보자.

2001년 제품별 총판매 대비 구성비

제품	크라이얼라트	경쟁사 D
오리블럭	15.0%	25.3%
롤러코스터	8.4%	21.3%
원더걸	20.6%	19.9%
씽크토이	16.2%	18.6%
파워맨	39.8%	14.9%
	100%	100%

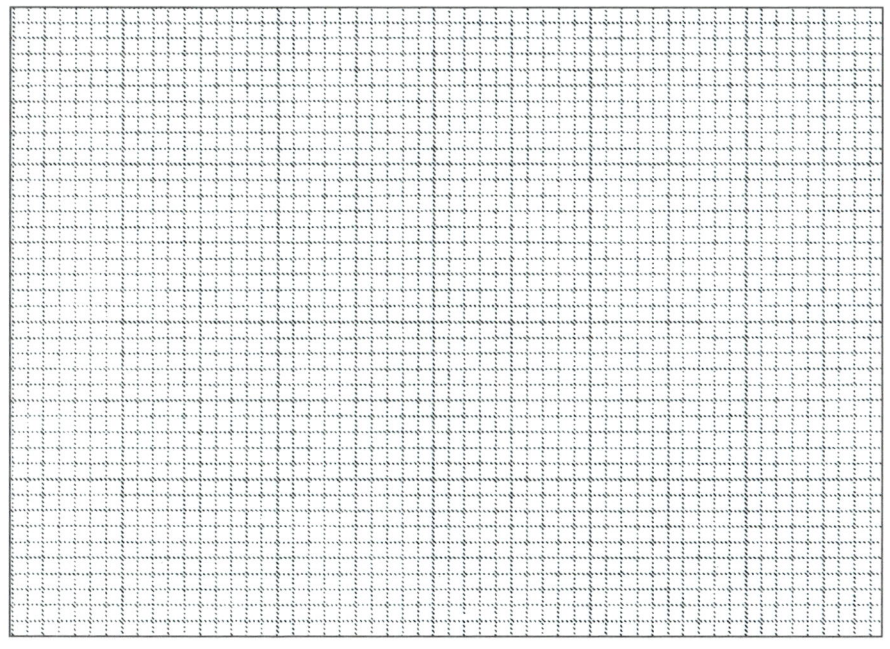

> 해답

마지막 예제에서는 첫 예제에서 다루었던 구성요소 비교유형이 다시 등장했다. 총판매에 대한 백분율을 나타내고 있다. 우리는 행렬이 제시한 바대로 원 그래프를 사용할 수 있다. 그러나 이 예제는 각각 크라이얼라트와 경쟁사 D에 해당하는 하나 이상의 총계를 다루고 있기 때문에 백분율 세로막대를 사용하는 것이 더 바람직하다.

백분율 세로막대 그래프를 사용함으로써 2개의 원 그래프에서 나타났을 항목명의 중복을 피할 수 있고, 범례의 필요성이 사라진다. 또한 각 부분의 관계를 보다 신속하게 나타내는 차트를 얻을 수 있다.

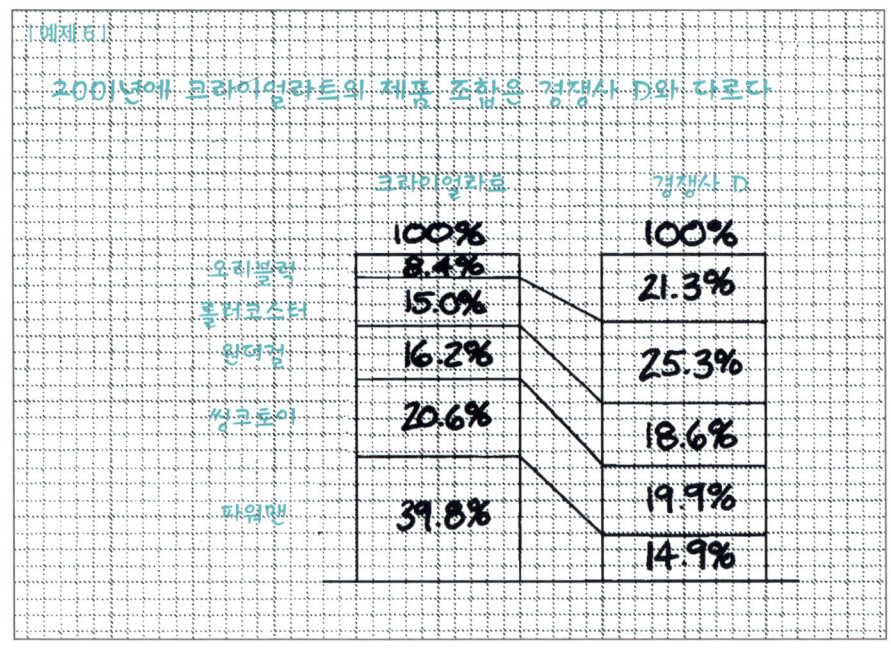

지금까지의 핵심을 요약해보자.

- 차트는 중요한 언어 형태이다. 잘 고안되고 디자인된 차트는 표 형태의 데이터를 사용할 때보다 당신의 의사를 더욱 빠르고 명확하게 전달하도록 도와준다.

- 사용할 차트의 형태를 알려주는 것은 데이터나 측정단위가 아니라 당신의 메시지, 즉 당신이 보여주고자 하는 것, 당신이 제시하고자 하는 특정한 요점이다.

- 적을수록 좋다. 차트가 당신의 메시지를 이해하는 데 분명히 도움이 되는 경우에만 그것을 사용하라.

- 차트는 시각 자료이지, 당신의 의도를 전달하기 위한 글이나 말의 대체물이 아니다. 차트를 메시지 전달을 돕기 위한 보조수단으로 삼아라. 그러면 분명 효과가 있을 것이다.

SECTION 2
맥킨지는 어떤 차트를 사용하는가

맥킨지는 어떤 차트를 사용하는가

다음은 효과적인 80개 차트*를 모은 것이다. 차트들은 구성요소, 항목, 시간적 추이, 도수분포, 상관관계의 5가지 기본 비교유형별로 정리되어 있다. 시간적 추이 부분은 세로막대 그래프, 꺾은선 그래프, 세로막대와 꺾은선의 조합으로 세분화했다.

각 비교유형에서는 복잡한 정도에 따라 차트를 제시했다. 가령, 하나의 차트 당 하나의 원 그래프에서 여러 개의 원 그래프로 나아가는 식이다.

* 이 책의 모든 차트는 가상의 데이터로부터 만들어졌다. 이들은 모두 오직 설명을 위해 사용되었으므로 콘텐츠에 대한 참고 자료로 사용해서는 안 된다.

메시지형 제목

모든 예에서 차트를 선택하는 과정의 스텝 1을 강화하기 위해 메시지형 제목을 삽입했다. 실제로 차트를 이용할 때 이 제목을 삭제하고 싶을 때가 있을 것이다. 예를 들어 공간이 제한되어 있는 스크린에 띄울 영상을 만들 때 별도의 인쇄 자료에만 메시지형 제목을 삽입하고 영상에는 이를 포함하지 않을 수 있다.

그러나 제목을 생략하는 것이 맨 먼저 당신이 당신의 메시지, 즉 당신이 보여주고자 원하는 바, 당신이 제시하고자 하는 특정한 요점을 분명히 정했음을 확인하는 단계를 생략하는 것을 의미하지는 않는다. 왜냐하면 그 메시지가 사용할 차트 형태를 결정할 것이기 때문이다.

이중 비교유형

몇 개의 예에서는 해당 차트가 다른 부류에 속해야 할 것처럼 미심쩍어 보일 것이다. 이것은 당신이 데이터 분석을 기초로 정한 메시지가 항목과 구성요소, 또는 시간적 추이와 항목처럼 이중 비교유형을 내포할 경우에 일어나는 현상이다. 이 경우에는 어떤 비교유형이 일차적이고 어떤 비교유형이 부차적인지를 결정해야 한다.

예를 들어 보자. "향후 10년 동안 매출액은 증가할 것으로 전망되나 수익은 그 추세를 따라가지 못할 것이다"라는 메시지는 시간적 추이와 항목 비교유형을 모두 포함한다. 메시지의 첫 번째 부분은 시간적 추이 비교유형이다. 그러나 "이윤은 그 추세를 따라가지 못할 것이다"라는 언급으로 또 하나의 비교유형인 항목 비교유형이 더해졌다. 즉, 우리는 매출액의 연대기적 변화(시간적 추이)뿐만 아니라 수익(항목 번호 2)과 비교한 판매실적(항목 번호 1)에도 관심이 있는 것이다.

그러나 여전히 시간에 따른 변화가 일차적인 강조점이기 때문에, 시간적 추이 비교유형에 가장 적합한 기본 차트 형태를 사용할 것이다. 이 경우 두 항목을 각각 분리하여 표시한 선 그래프가 최선이다. 차트 모음집에서 이중 비교유형 차트는 내가 일차적이라고 판단한 비교유형 부분에 포함되었다.

눈금값

차트에 그려진 데이터의 특성이나 크기(예컨대 매출단위 1,000달러)는 이 차트 모음집의 목적에서 중요치 않으므로 눈금값은 생략되었다. 당 연히 실제 차트에는 눈금값을 표시하겠지만, 이들을 생략하는 것이 각 차트가 설명하고 있는 관계를 모호하게 하지는 않는다. 사실 눈금값을 표시하지 않고도 메시지가 분명히 전달되는지 보는 것은 당신의 차트를 테스트하는 좋은 방법이다.

이것이 차트를 디자인하는 데 눈금값을 고려하는 것이 중요하지 않다는 의미는 아니다. * 도리어 잘못된 눈금값은 오해하기 쉽고 더 나쁜 경우 부정직한 차트를 만들게 할 수 있다. 다음은 각각의 극단적인 예이다.

---

* 눈금값의 오남용에 대해 보다 자세한 알고 싶다면 내가 쓴 논문 〈그래픽과의 전투(Grappling with Graphics)〉, 〈매니지먼트리뷰〉 1975년 10월 호를 참고하자.

예시 1

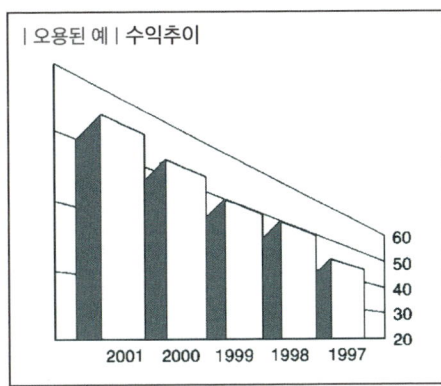 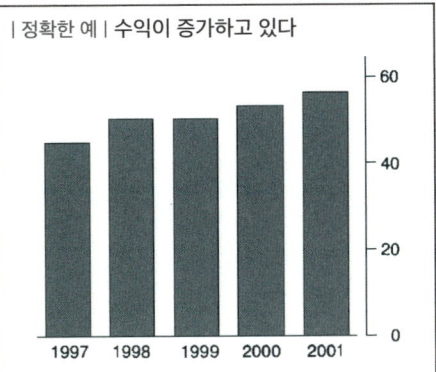

예시 1에서 왼쪽 차트는 지난 5년 동안의 수익추이를 보여주고 있다. 이것을 보고 즉각적으로 떠오르는 인상은 수익이 감소하고 있다는 것이다. 그러나 자세히 들여다보면 눈금과 관련된 4가지 문제점을 발견할 수 있다. 첫째, 연도가 역순으로 표시되어 있다. 즉, 가장 최근 연도가 왼쪽에 있고 오른쪽으로 갈수록 지난 연도가 표시되어 있다(연차 보고서에서 볼 수 있는 이월자료로, 가장 최근의 연간 데이터를 왼쪽에 나타내어 보다 즉각적인 관심을 끌기 위한 것이다). 둘째, 0~20단위의 수익이 잘려 나갔다. 셋째, 3차원 세로막대를 사용하여 막대의 높이를 앞면을 기준으로 읽어야 하는지, 뒷면을 기준으로 읽어야 하는지 알기 어렵다. 넷째, 눈금선이 원근법으로 그려졌다. 이들 문제점들이 모두 더해져 실적이 감소하고 있는 것처럼 보이는 불행한 그림이 탄생했다. 주주들에게 안된 일이다.

오른쪽 차트는 수익이 증가하고 있음을 보다 빠르고 분명하게 보여주고 있다.

예시 2

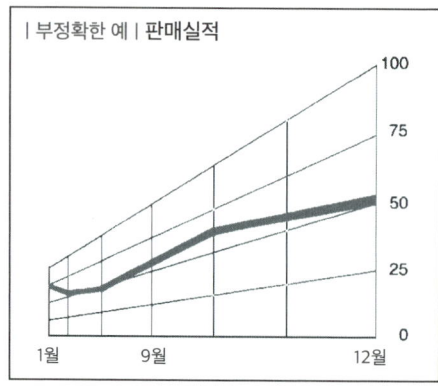 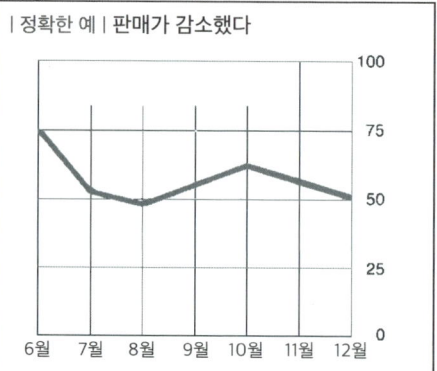

예시 2는 왼쪽 차트에서 눈금선을 원근법적으로 그려 넣어 판매가 증가하고 있는 듯한 인상을 주고 있다. 그러나 오른쪽 차트에서 보듯이 이는 사실이 아니다.

요점은 이것이다. 차트는 관계를 나타내는 그림이며, 오로지 그림만이 중요한 가치를 지닌다. 제목, 항목명, 눈금값 등 기타 다른 사항들은 단지 구별하고 설명하는 역할을 할 뿐이다.

그림의 가장 중요한 특징은 당신이 느끼는 인상이다. 눈금은 이 인상에 대해 중요한 통제효과를 갖는다. 다음은 눈금이 메시지에 대한 당신의 인상을 얼마나 쉽고 확실하게 결정할 수 있는지를 보여준다. 당신은 A와 B 가운데 어느 쪽을 선택하겠는가?

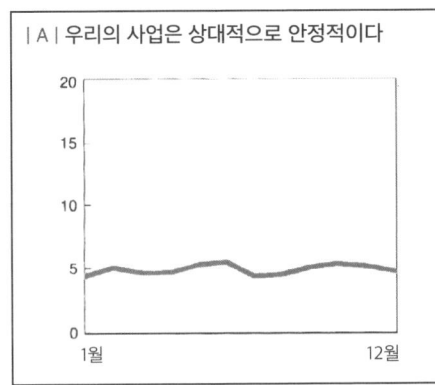
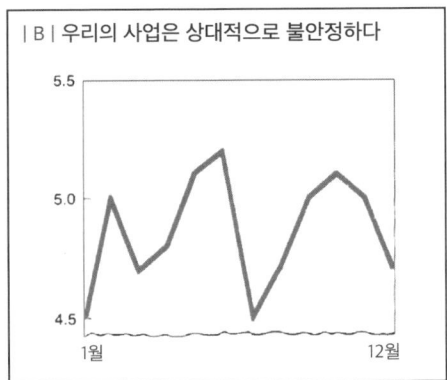

아마 "두 경우의 중간 어디쯤"이라는 대답을 선택하는 것이 쉬울 것이다. 그러나 이 대답 역시 부적절할 수 있다. 결정은 변화의 중요성에 대한 당신의 전문적인 이해에 달려 있다. 수백만 달러의 계약에서는 1,000달러의 변화도 중요치 않은 반면, 바닥 타일 가격에서는 1센트의 변화도 중요할 것이다. 따라서 당신은 변화의 중요성에 대한 이해를 반영하도록 눈금을 결정하게 된다. 아마 왼쪽 그림은 수백만 달러가 달린 계약에, 오른쪽 그림은 바닥 타일에 적합할 것이다.

당신이 변화를 어떻게 이해했는지에 대해 정확한 인상을 주려면 차트의 형태에 영향을 끼치는 요소들을 중요시하며 차트를 구성하자.

짧고 넓은 모양의 차트에서 길고 좁은 모양의 차트까지 차트의 모양이다. 가령 0~5, 0~10, 0~25 등의 눈금범위이다.

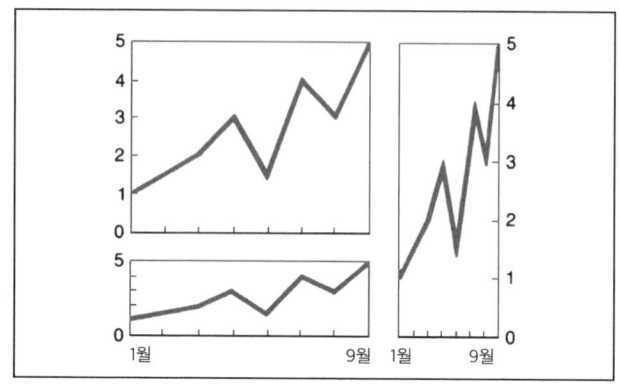

그 외에도 눈금을 결정하는 데 고려해야 할 중요한 요소들이 차트 모음집의 각 차트별 주석에서 논의되고 있다.

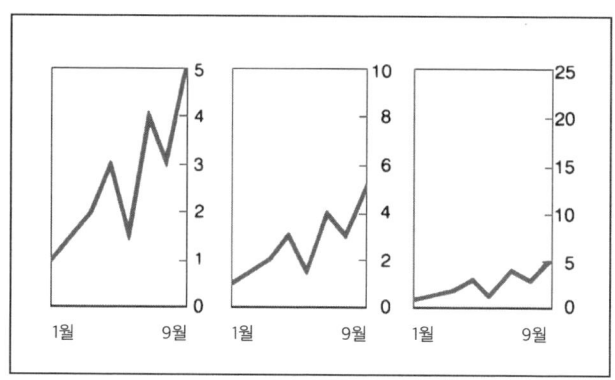

어떤 차트를 사용하는가

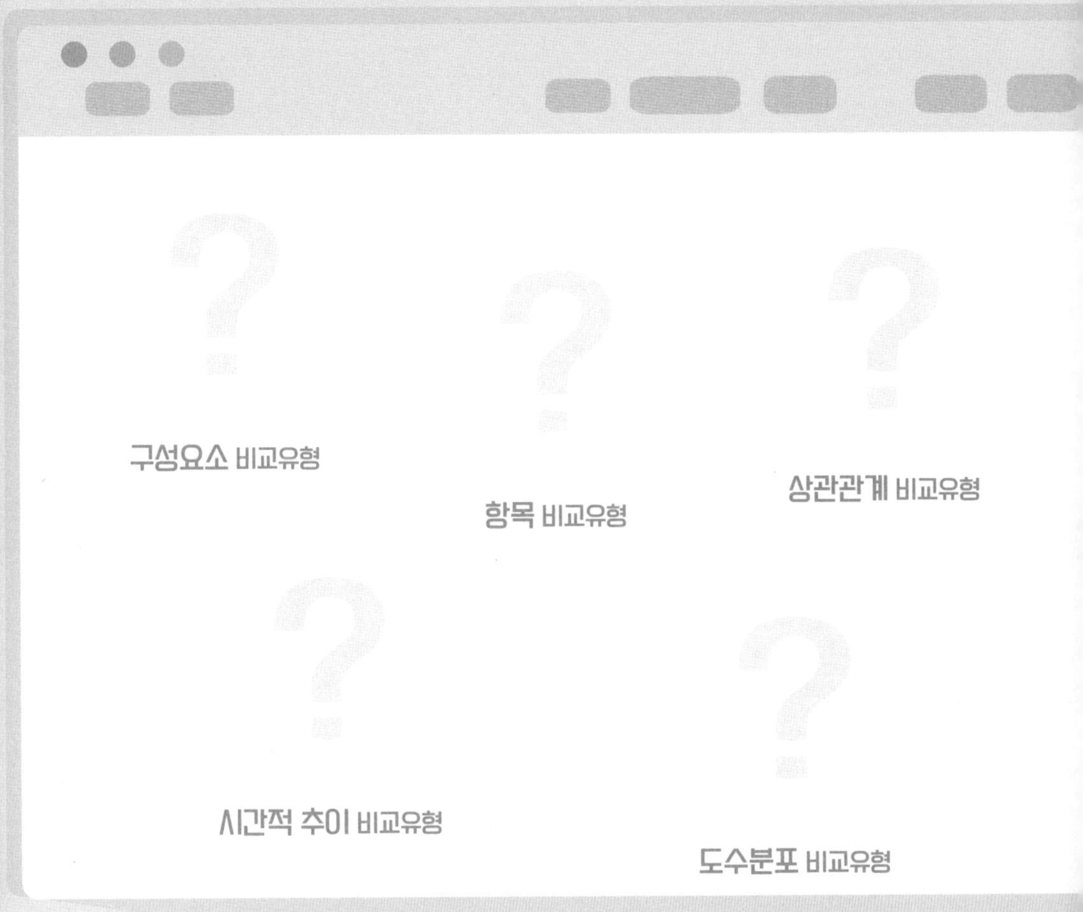

구성요소 비교유형

항목 비교유형

상관관계 비교유형

시간적 추이 비교유형

도수분포 비교유형

• 전체의 백분율로써 각 부분의 크기를 표현

구성요소 비교유형

차트 1은 원 그래프의 가장 단순하면서도 실제로 유일하게 유용한 쓸모를 보여주고 있다. 그것은 소수의 구성요소들을 비교하기 위해 사용하는 것이다.

4단계의 명암을 이용하여 회사를 구분하되, 제목에 언급된 데이터 관점을 강조하기 위해 A사를 가장 어둡게 표시했다.

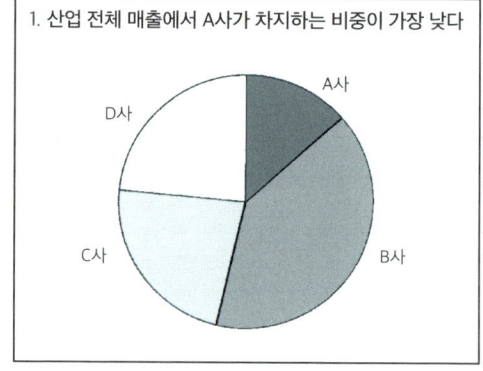

1. 산업 전체 매출에서 A사가 차지하는 비중이 가장 낮다

차트 2는 하나의 구성요소에 관심을 집중시키는 2가지 방법을 소개하고 있다. 하나는 '더 어두운 명암 사용하기'이며, 또 하나는 '해당 부채꼴을 원에서 분리하기'이다.

이 예에서 구성요소들은 모두 실제 활동의 자연적 흐름에 따라 배열되었다.

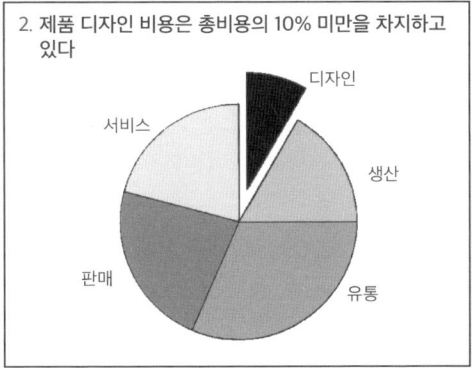

우리의 눈은 원의 원주를 따라 한 바퀴 도는 것에 익숙하기 때문에, 차트 3에서 보듯이 부채꼴 하나를 생략하면 사라진 구성요소에 관심을 끌어올 수 있다.

이 경우에는 해당 부채꼴을 생략함으로써 새로운 거래를 발굴하기 위한 노력이 부족함을 표현하고 있다. 화살표는 생략된 부분에 더 관심을 집중시키고 있다.

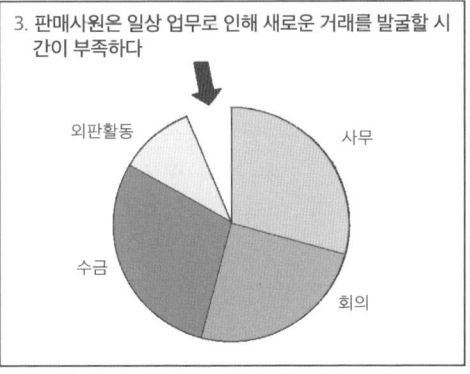

차트 4는 하나의 원 그래프에 6개 이상의 구성요소를 표시하지 말라는 지침을 어기고 있으나, 이 경우는 대리점들이 다수의 소규모 사업을 벌이고 있다는 메시지를 강조하기 위해 사용되었다.

이 차트는 시각적으로 각 구성요소의 상대적인 크기를 가늠하는 것이 불가능하다. 만약 그 과정이 꼭 필요하다면, 데이터를 표 형태나 가로막대 그래프로 표현하는 것이 좋다(차트 12와 13을 보라).

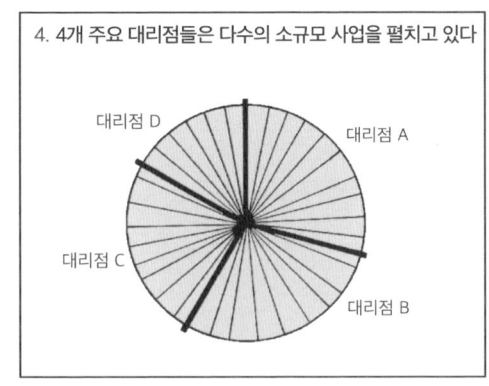

차트 5처럼 각 원그래프에 구성요소들을 거울 이미지로 배열하면 항목명을 한 번만 표기해도 좋다. 이것은 각 원 그래프에 대해 항목명을 반복하거나, 각 구성요소와 범례 사이를 오가게 만드는 범례를 사용할 필요를 없애준다.

여기서 우리는 2가지 지침을 무시했다. 첫째는 '12시 방향 기준선에서 시작하기', 둘째는 '구성요소를 같은 순서로 배열하기'이다.

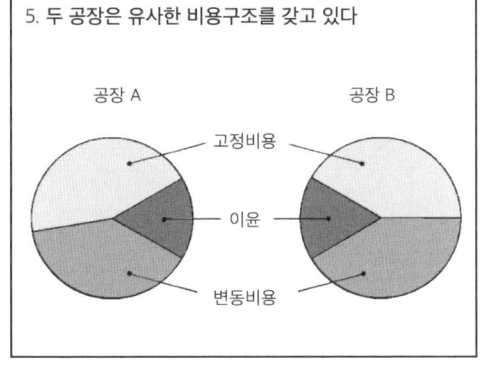

차트 6은 분리된 원 그래프를 이용해 구성요소를 비교하고 있다. 이 방법을 사용할 때에는 구성요소는 3개 이하, 원 그래프는 2개 이하로 제한하여 단순하게 만들자.

원 그래프가 2개 이상일 때는 이것을 백분율 세로막대 그래프로 바꾸는 것이 보기에 훨씬 낫다(차트 40을 살펴보라).

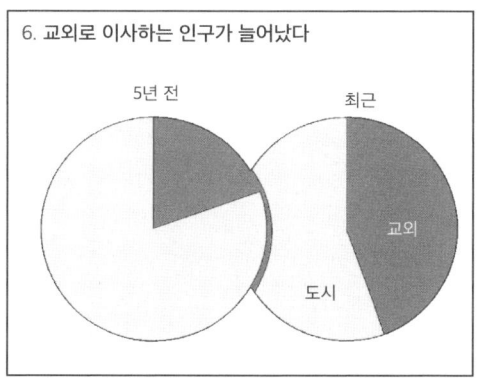

나는 차트 7을 여기에 포함시킬지 망설였다. 왜냐하면 이 차트는 오직 2개의 구성요소를 나타낼 때만 효과적이고, 명암효과가 오히려 혼란스러울 수 있기 때문이다.

그러나 오른쪽 차트처럼 단순함을 유지한다면 기억에 오래 남을 수도 있다. 만약 이것이 의심스럽다면, 망설이지 말고 보다 전형적인 백분율 세로막대를 사용하라.

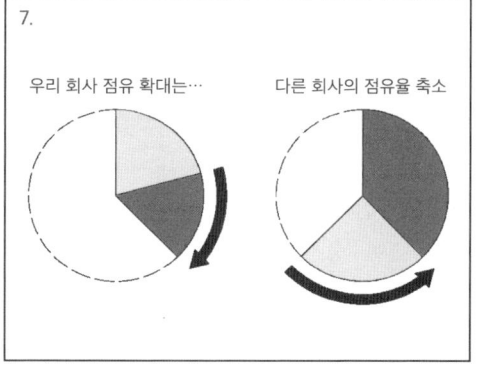

차트 8처럼 각 지역별로 개별적인 원 그래프를 사용하면 각 지역에서의 회사 점유율을 나타낼 수 있고, 지역별 편차도 나타낼 수 있다.

백분율 가로막대 그래프를 사용할 수도 있으나(차트 21을 보라), 원 그래프를 실제 지리적 위치처럼 배치하면 프레젠테이션을 더욱 효과적으로 만들 수 있다.

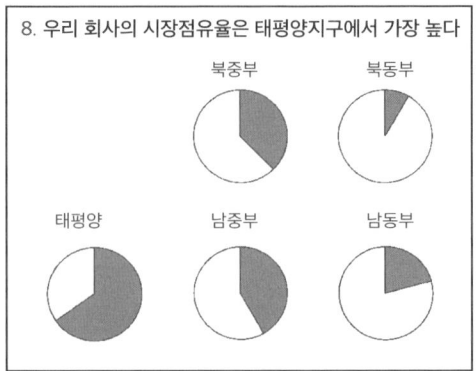

차트 9는 하나 이상의 총계를 가지고 구성요소들 사이의 관계를 나타낼 필요가 있을 때에는 백분율 가로막대나 백분율 세로막대를 사용해야 한다는 사실을 보여주고 있다.

흔히 20/80 차트로 불리는 이 차트는 경험이 많은 판매원은 매출액에서 차지하는 비중은 가장 낮지만, 더 많은 수익을 창출하는 판매에 집중한다는 사실을 나타내고 있다.

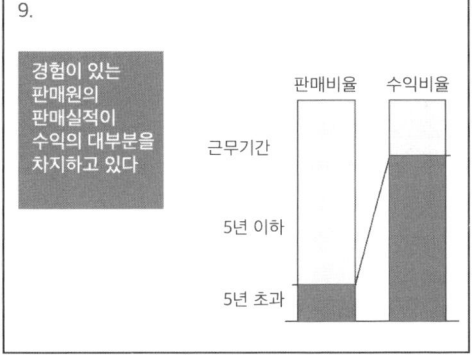

차트 10에서 보듯이 백분율 세로막대 그래프를 사용하면 2개 이상의 항목, 항목별 2개 이상의 구성요소를 나타낼 수 있다. 그러나 3개 이상의 항목이나 구성요소를 사용하여 구성요소 비교유형을 파악하는 데 혼란을 주는 일이 없어야 한다.

차트 9와 10은 세로막대뿐만 아니라 가로막대를 사용할 수도 있다. 그러나 지금 보고 있는 것이 보다 널리 사용되고 인정받는 형태로 자리를 잡아가고 있다.

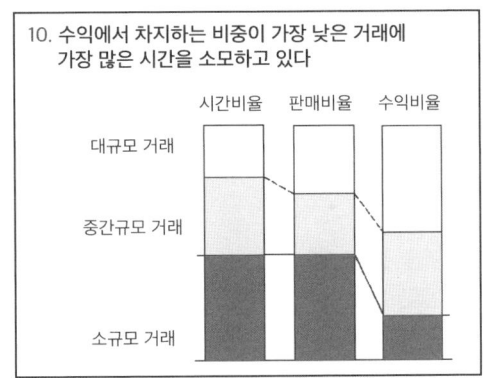

차트 11은 원 그래프와 백분율 세로막대 그래프를 결합하여 전체 중의 일부를 다시 전체로 한 비교가 가능하다. 여기서 우리는 (1) 전체 직원 중 30세 이하 직원의 비율과 (2) 이들 30세 이하 직원들 중 교육수준에 따른 비율 분포를 볼 수 있다.

이 조합을 사용할 때에는 항상 원 그래프를 먼저 그리고 백분율 그래프를 나중에 그리자.

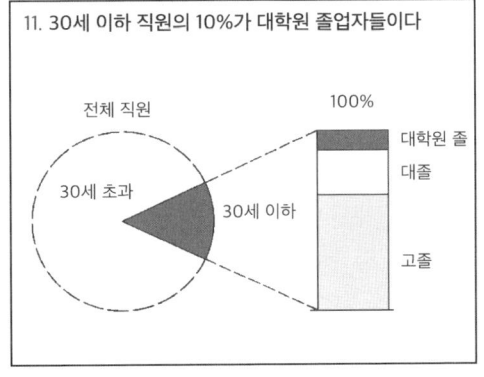

• 항목의 순위를 나타냄

항목 비교유형

차트 12와 같은 가로막대 그래프에서는 항목의 순서가 중요할 수 있다. 오른쪽 차트는 항목들을 가장 우수한 실적을 올리고 있는 기업에서 가장 저조한 실적을 올리고 있는 기업까지 순위대로 배열하고, 그 가운데 고객사는 몇 위인지 보여주고 있다.

고객사의 판매수익률은 막대를 더 진한 색으로 표시하고 항목명에 다른 글꼴을 사용해서 강조했다.

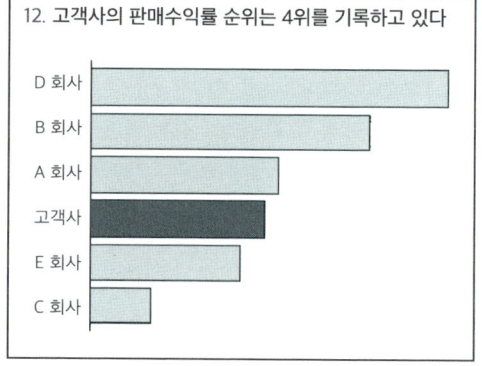

12. 고객사의 판매수익률 순위는 4위를 기록하고 있다

차트 13은 항목들을 내림차순 또는 오름차순 순위에 따라 배열하는 대신 임의로 배열했다. 이것은 메시지형 제목에서 언급한 대로 판매원의 실적이 고르지 않다는 점을 강조하기 위해서다.

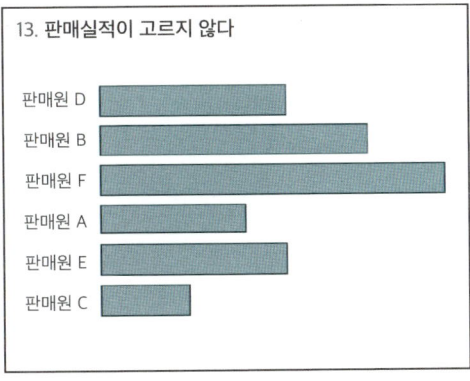

차트 14는 각 항목의 이름을 가로 막대의 옆이 아니라 위에 표기했다. 이 경우 수직 공간을 활용함으로써 차트가 더 맵시 있고 간결해졌다. 수평방향으로는 더 많은 공간을 할애해서 부서별 편차를 강조하고 있다.

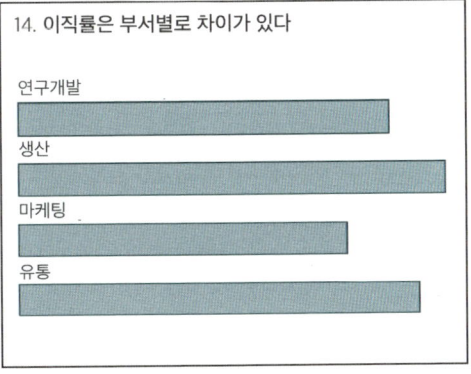

차트 15는 기준선 왼쪽으로도 막대가 뻗어 있는 편차 가로막대 그래프이다. 이것은 세로막대 그래프에서 막대가 0을 나타내는 기준선 아래로 그려졌을 때처럼 바람직하지 못한 결과나 상황을 나타낸다. 여기서 수직 기준선은 수익을 내고 있는 부서와 손실을 입고 있는 부서를 구분 짓는다.

각 항목은 수익성이 가장 높은 부서에서 가장 낮은 부서까지 순위가 매겨졌다. 차트를 간결하게 만들기 위해 수익쪽 부서에서 왼쪽에 표기했던 항목명을 손실쪽 부서에 대해서는 오른쪽으로 옮겨 표기했다.

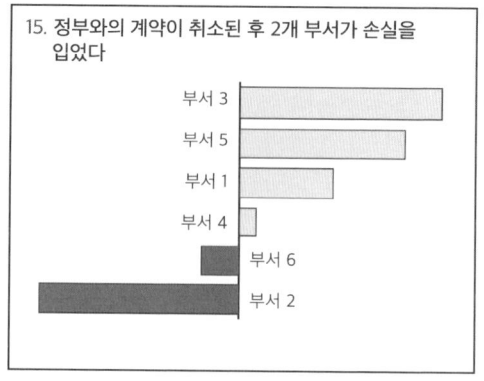

범위 가로막대 그래프인 차트 16은 특정한 한 값이 아니라 최저값과 최고값 사이의 편차를 보여준다. 범위 가로막대는 범위의 최저값과 최고값 사이의 차이뿐만 아니라 그 값들 자체에도 관심이 있을 경우 사용하면 유용하다.

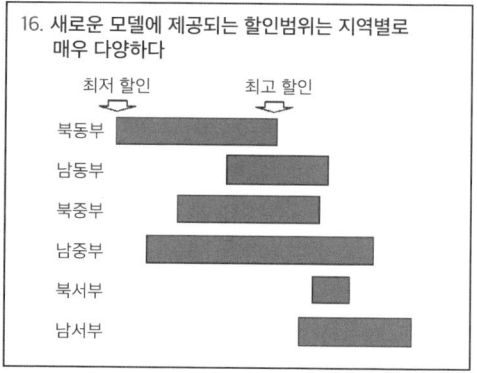

차트 17은 둘 이상의 막대 쌍을 비교하면서 수직, 수평 비교가 모두 가능한 차트이다. 두 비교 중에는 수직 비교가 더 직접적이다. 항목들이 공통 기준선에 의해 가늠되기 때문이다. 반면, 수평으로는 항목들이 같은 기준선을 바탕으로 열을 이루고 있지 않기 때문에 비교하기가 더 어렵다.

양쪽에 평균치를 막대로 표현할 수도 있지만, 각 회사의 실적을 질러가는 실선을 삽입하여 평균 이상의 실적과 그 이하의 실적을 보다 명확히 구별하고 있다.

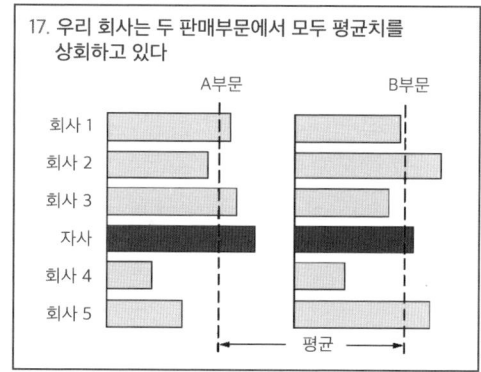

차트 18은 공장 1, 2, 3처럼 여러 개의 항목을 두 시점에서 비교하는 묶음식 가로막대 그래프이다. 두 기간을 구별하기 위해 명암을 달리했다. 꼭 필요한 것은 아니지만 점선 및 화살표가 변화의 방향성 및 규모를 강조하고 있다.

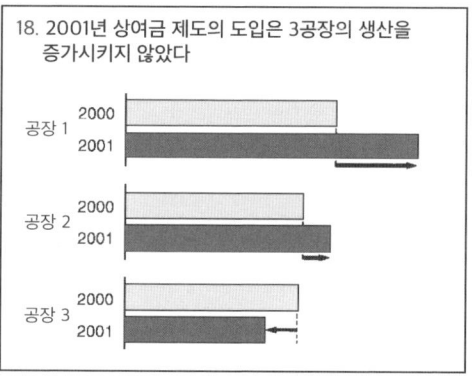

차트 19는 이따금 효과를 발휘하는 특별한 형태의 묶음식 가로막대 그래프이다. 가로막대를 겹쳐지게 배치해서 세로방향 공간을 절약하고 더 최근 시점을 강조하고 있다. 또한 두 시점 사이의 차이에 관심을 집중시키고 있다. 이 예에서는 그 차이의 크기가 큰 것부터 작아지는 순서로 활동들을 배열했으나, 활동의 표준적인 흐름, 즉 디자인에서 생산, 유통, 판매순으로 배열할 수도 있다.

이 방법은 뒤쪽 가로막대가 앞쪽 가로막대보다 일관되게 길 경우에만 효과적이다. 만약 그렇지 않을 경우에는, 뒤쪽 가로막대가 앞쪽 가로막대보다 가늘어 보여서 보는 사람이 혼동될 것이다.

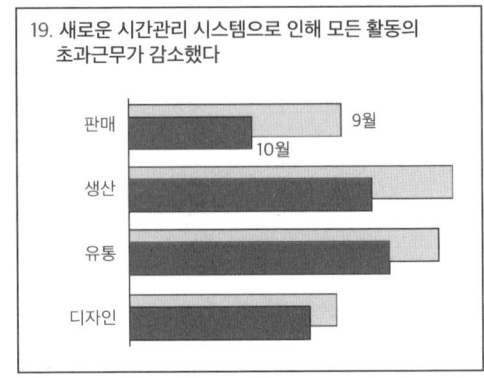

차트 18과 19는 시간에 따른 변화를 나타내기 위해 가로막대 그래프를 사용함으로써 지침을 어기고 있다. 두 차트는 오직 두 시점만을 다루고 있기 때문에 이 방법을 이용한 것이지, 시점이 둘 이상일 경우에는 세로막대 그래프를 사용하자.

차트 20은 가로막대들과 해당 구성요소들이 상대값이 아니라 절대값에 따라 그려진 세분식 가로막대 그래프이다. 즉, 백분율 대신 달러, 톤, 고객수, 또는 다른 어떤 직접적인 측정 단위에 따라 그려진 것이다.

모든 세분식 가로막대, 세로막대, 꺾은선 그래프를 이용할 때에는 가장 중요한 구성요소를 기준선 위에 두어야 한다. 이를 기준으로 해야만 구성요소들을 정확히 비교할 수 있기 때문이다.

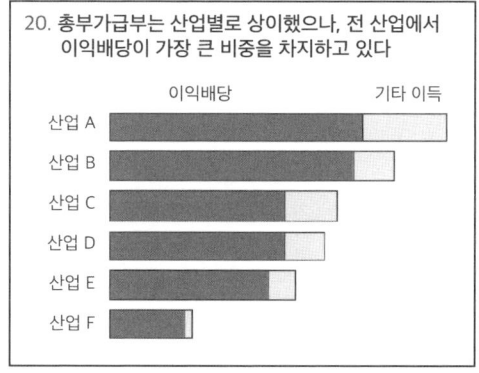

차트 21은 각 가로막대와 그것을 구성하는 요소들이 요소의 상대적(백분율) 크기에 따라 그려진 세분식 가로막대 그래프이다. 이때 가로막대가 나타내는 총계의 절대적 값은 고려하지 않는다.

이런 종류의 차트에서는 두 기준선 사이에 중요한 구성요소들을 위치시킨다. 하나는 가로막대들을 연결해주고 있는 왼쪽 선이고, 다른 하나는 서로 떨어져 있는 오른쪽 선이다.

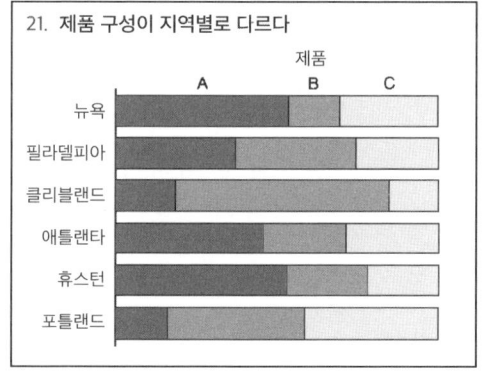

SECTION 2 맥킨지는 어떤 차트를 사용하는가 107

차트 22는 미끄럼 세분식 가로막대 그래프로, 단 2개의 구성요소(또는 구성요소들의 주요 두 집단)만을 다룰 때 유용하다.

두 조각 사이의 구분선이 공통 기준선 역할을 함으로써 각 구성요소를 정확히 비교할 수 있다. 이 경우 절대적 값을 사용할 수도 있지만, 가로막대가 100%를 나타낸다.

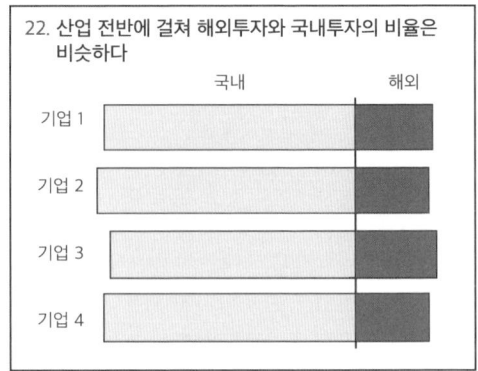

차트 23에서 27까지는 가로막대 그래프에서 화살표를 사용하는 법을 소개하고 있다. 화살표는 필수적인 것은 아니지만 방향성과 움직임을 더해 메시지형 제목을 더욱 강조해주는 경우가 많다.

차트 23은 차트 21과 마찬가지로 세분식 백분율 그래프이다. 그러나 여기서 화살표는 PVC의 비중을 나타내고, 제목에 언급된 침투개념을 강조하기 위해 사용되었다.

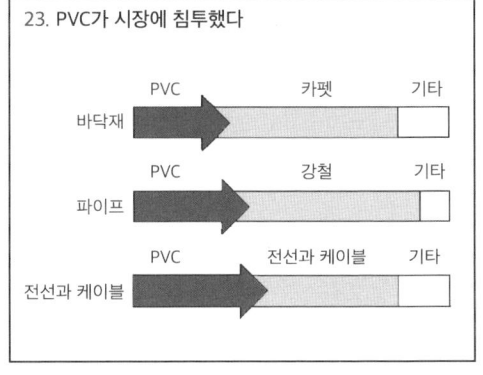

차트 24는 손익계산서의 가장 중요한 특징을 시각화하는 데 효과적으로 사용될 수 있음을 보여주고 있다. 자산의 구성요소들은 누적총계를 이루고 있고 부채의 구성요소들로 상쇄되고 있다.

물론 가로막대 대신 세로막대를 사용하는 것도 가능하다. 그러나 여기서 사용된 방법은 막대들의 왼편에 구성요소의 이름을 표기할 공간을 더 많이 제공하고 있다.

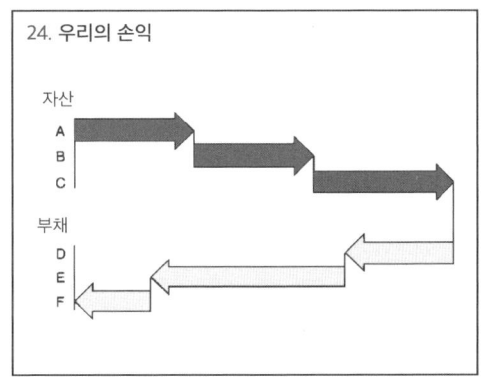

차트 25는 변화 차트의 출처로 알려진 것이다. 색깔 있는 화살표들은 공정의 연속적인 각 단계를 거치면서 더해지고 있는 비용을 나타낸다.

여기서 옅은 부분은 전 단계로부터의 이월을 의미한다.

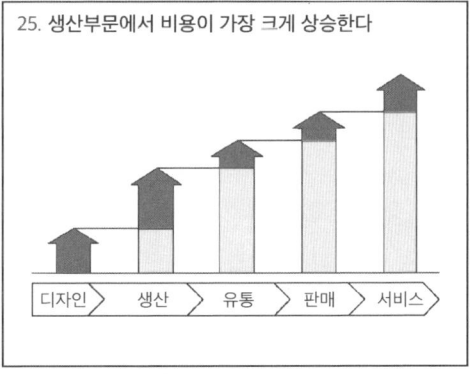

탄력성 분석은 차트 26에 나타난 방법을 사용하여 자주 표현된다. 이 편차 차트는 하나 또는 그 이상 관련 항목의 다양한 변화가 이윤에 어떤 영향을 끼치는지 강조한다.

정적인 막대가 아니라 역동적인 화살표를 사용함으로써 그것이 부정적이든 긍정적이든 변화의 특성을 강조한다.

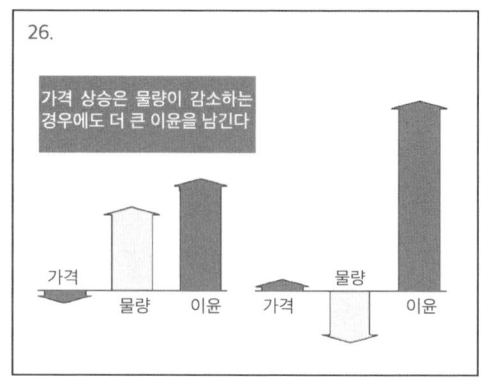

차트 27은 전형적이지 않은 방법으로 눈금을 사용했음에도(또는 아마도 이것 때문에) 효과적이다. 눈금은 맨 위에서 0%로 시작해 아래로 내려오면서 100%가 된다.

화살표는 부족한 양을 강조하는 한편, 그 끝은 남아 있는 비율을 가리키고 있다. 항목들은 부족 현상으로 가장 크게 영향을 받는 지역에서 시작해 가장 덜 영향을 받는 지역까지 순서대로 정렬되었다.

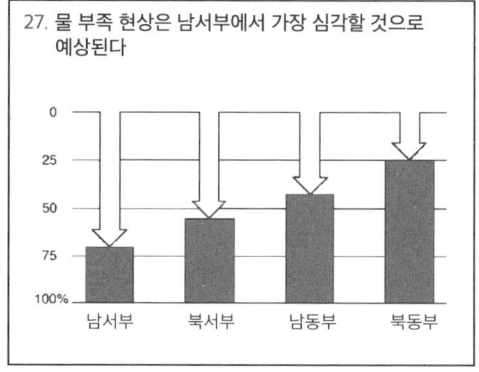

차트 28은 전체적인 그림을 요약하는 원 그래프와, 판매사원이 현재 회사를 그만두는 이유를 항목별로 나누는 가로막대 그래프를 조합하고 있다.

검은 막대는 대부분의 판매 인력들이 다른 회사에서 비슷한 직책을 맡기 위해 회사를 떠나고 있다는 사실을 강조하면서, 이 회사에서 그들의 위치에 문제가 있음을 암시하고 있다.

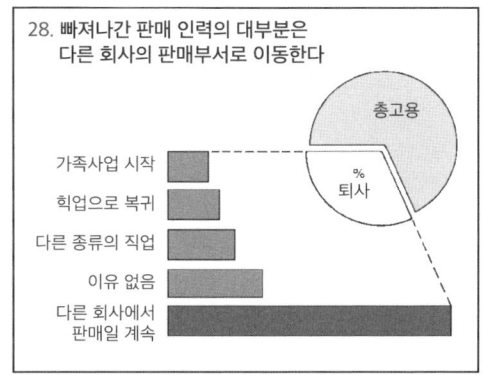

• 시간에 따른 변화를 나타냄

시간적 추이 비교유형
세로막대 그래프

차트 29는 시간에 따른 수준 변화를 나타내는 데 적합한 단순한 세로막대 그래프이다. 세로막대 그래프는 8개 이하의 기간을 다룰 때 가장 적합하다.

오른쪽 차트나 다음 3개 차트에서 보듯이, 데이터의 특정한 면을 강조하고 싶을 때에는 화살표, 선, 명암, 색상 등의 그래픽 수단들을 사용하라. 오른쪽에서 화살표는 2가지 목적으로 사용되었다. 2000년에 관심을 집중시키고 수준이 하락했음을 강조하기 위해서다.

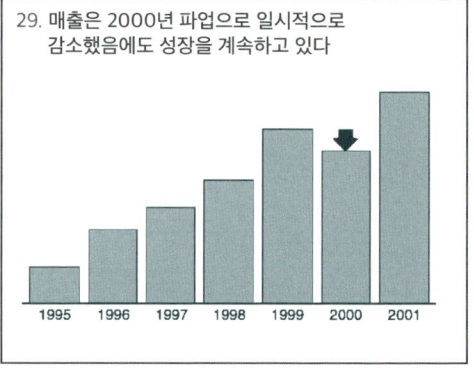

29. 매출은 2000년 파업으로 일시적으로 감소했음에도 성장을 계속하고 있다

차트 30에서 화살표는 1995년부터 2001년까지의 증가분을 강조하고 있다.

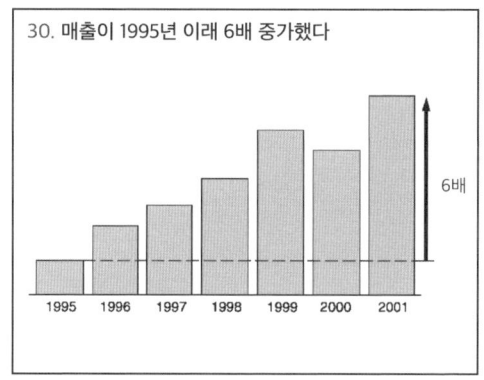

차트 31은 2000년을 다른 연도와 구분하기 위해 더 옅은 색을 입혔다. 이 방법은 2000년 매출액이 1999년보다 얼마나 감소했는지를 강조하기보다는, 2000년에 매출이 얼마였는지를 강조하고 있다.

명암을 오른쪽처럼 사용하면 실제 데이터와 추정 데이터, 또는 과거 데이터와 예상 데이터를 구별하는 데 효과적이다.

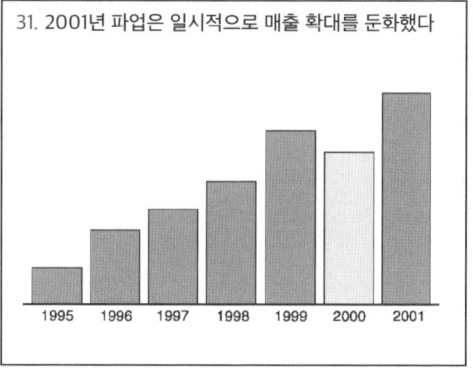

차트 32는 그래픽 수단을 조합하고 있다. 해당년도와 전년도 사이의 변화량을 강조하고 성장기간과 감소기간을 구별하기 위해 세로막대의 상단을 더 어둡게 표시하고 화살표를 추가했다.

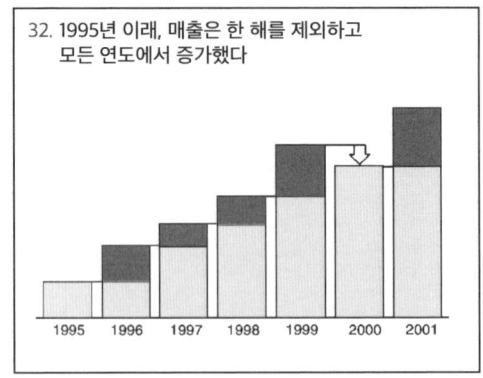

차트 33은 긍정적 데이터와 부정적 데이터를 구분하기 위해 3가지 방법을 사용했다.

첫째, 기준선 아래로 막대를 그려 넣은 것은 적자 또는 바람직하지 못한 형편을 나타낸다. 둘째, 명암을 달리했다. 셋째, 막대의 이름을 엇갈리게 표기했다.

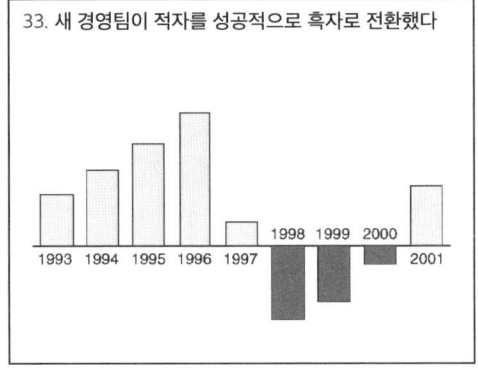

차트 34는 우리가 주식 시장의 움직임을 보고자 할 때 일간 신문에서 볼 수 있는 것이다. 이것은 범위 세로막대 그래프로, 단지 값의 크기보다는 오히려 두 값(이 경우 매일의 최고치와 최저치) 사이의 차이를 강조한다. 세로막대를 가로지르는 선은 일반적으로 최고/최저치의 평균을 표시하기 위해 사용되는데, 여기서는 그날의 마감 수치를 나타내고 있다.

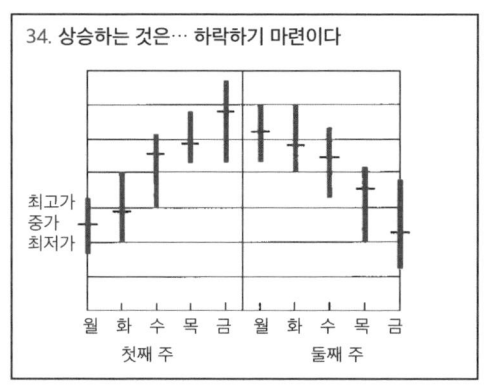

차트 35에서는 기준선 양쪽의 두 세로막대 그래프가 서로 접해 있다. 위쪽 세로막대는 증가하는 굴착장치의 수를, 아래쪽 막대는 굴착장치가 땅으로 파내려가는 평균 깊이를 나타내고 있다.

이 경우 기준선 아래에 그려진 세로막대는 적자나 바람직하지 않은 상황을 나타내는 것이 아니라 깊이 개념을 보완하기 위한 것이다. 또한 굴착 송곳을 연상시키기 위해 막대를 좁게 그렸다.

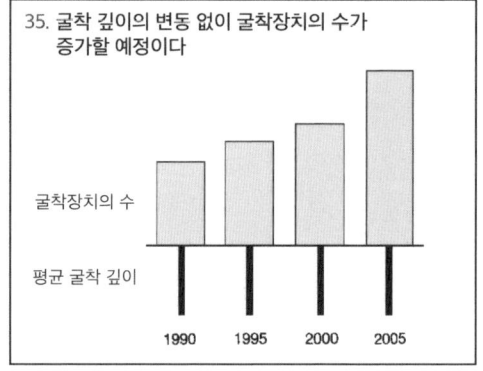

차트 36은 다른 종류의 단위(점포수 대 달러), 다른 크기의 단위(1억 달러 총수입 대 1,000만 달러 이윤)로 표시된 세 쌍의 데이터를 위한 묶음식 세로막대 그래프이다. 비교의 공통 기준을 마련하기 위해 절대적 값의 데이터를 기준치(이 경우 2001/2006)에 대한 백분율(또는 지수)로 변환하고 2001년 기준값을 동일한 높이로 그리자.

즉, 2001년에 점포수가 총수입 및 이윤과 같다고 가정한 뒤, 2006년 값을 백분율 증가분에 따라 표시하는 것이다. 그 결과물은 '시각적' 지수 그래프로, 서로에 비례한 백분율 변화를 나타내는 한편 절대적 값도 표현할 수 있다.

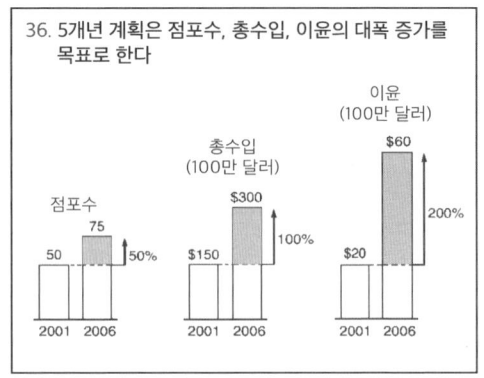

36. 5개년 계획은 점포수, 총수입, 이윤의 대폭 증가를 목표로 한다

차트 37처럼 세로막대를 겹쳐서 표현하는 것은 두 항목이 동일한 기준의 관련성 있는 양상일 때 효과적이다. 이 경우 계획치와 실적치라는 두 항목은 생산량의 관련성 있는 양상들이다(하나의 항목이 다른 항목보다 일관되게 커야 함을 기억하라. 그렇지 않은 경우 막대를 겹치면 배경에 있는 막대의 두께가 가려진다).

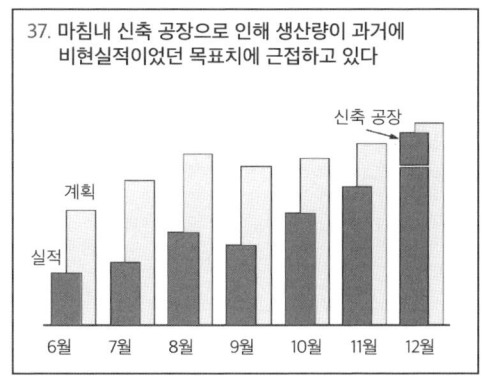

차트 38은 전체가 시간에 따라 어떻게 변화하고 구성요소들이 그 변화에 어떻게 기여하고 있는지를 나타내는 세분식 세로막대 그래프이다. 모든 세분식 그래프에서 너무 많은 구성요소를 표시하는 경향이 있는데, 이는 각각의 부분을 알아보고 비교하기 어렵게 만든다.

5개 이하의 구성요소를 사용하는 것이 좋다. 만약 각 구성요소의 정확한 값이 필요하다면 다음 차트에서 설명하고 있는 접근방법을 따르도록 하자.

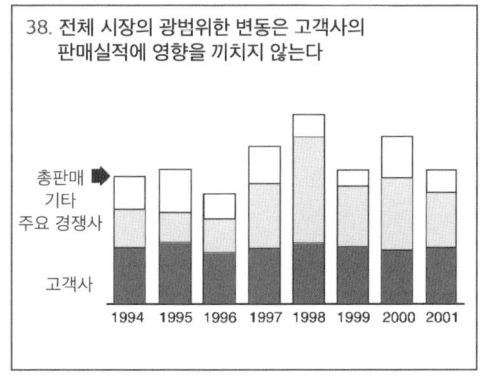

차트 39는 차트 38과 같은 데이터를 사용했으나, 전체와 각 구성요소의 추세를 자신만의 기준선에 대비하여 나타내는 방법으로 데이터를 표현하고 있다.

이것은 차트의 초점을 '시간에 따른 변화추이에 어떻게 기여하는가'에서 '각 항목이 시간에 따라 어떻게 변화하는가'로 이동시킨다.

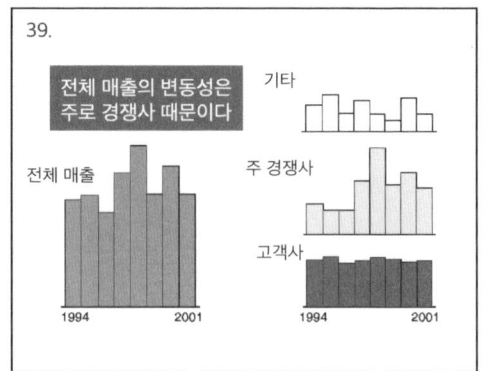

차트 40은 백분율 세분식 세로막대그래프이다. 페이지를 읽을 때 시선이 위에서 아래로 움직이는 것에 익숙함에도 세로막대를 0선에서 윗 방향으로 가늠하도록 했다(세분식 면 그래프도 마찬가지다). 이 때문에 일반적으로 가장 중요한 구성요소를 기준선 위에 배치한다.

명암을 달리하면 막대 내에서 구성요소들을 구별할 수 있고, 차트를 가로지르며 각 구성요소의 변화 패턴을 알아보는 데 도움이 된다.

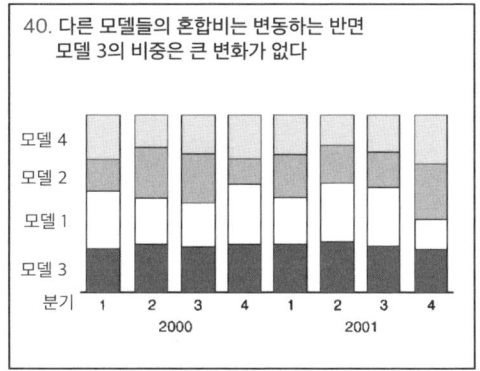

차트 41은 시작 시점의 금액과 마지막 시점의 금액 간 차이의 원인이 무엇인지 나타내고 있다. 여기서 화살표는 각 거래가 의미하는 변화량을 표시하는 동시에 변화의 긍정적이거나 부정적인 특성을 강조하고 있다.

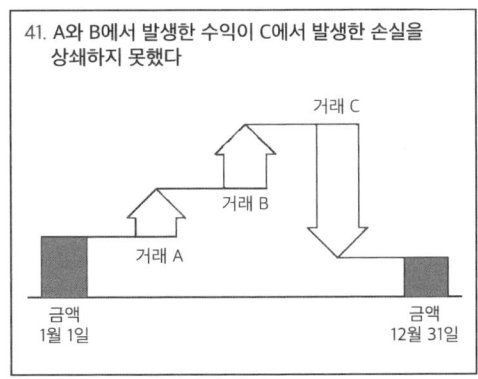

차트 42는 계단형 세로막대 그래프로서 막대 간 간격이 없는 세로막대 그래프 또는 선과 기준선 사이의 공간을 색칠한 면(선) 그래프로 생각할 수 있다. 즉, 색을 입히지 않으면 선 그래프가 된다.

이것은 직원수처럼 불규칙한 간격으로 급작스럽게 변하는 데이터를 표현하는 데 가장 좋다.

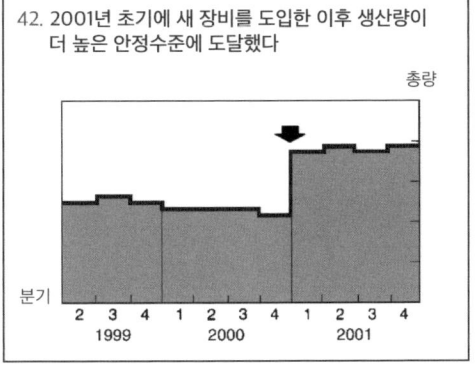

• 시간에 따른 변화를 나타냄

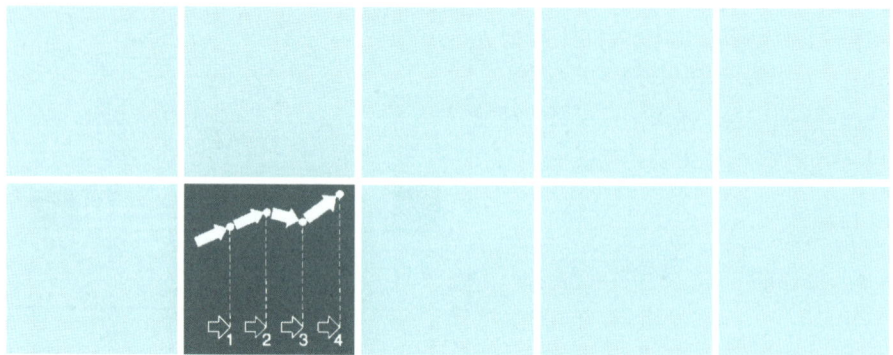

시간적 추이 비교유형

꺾은선 그래프

차트 43은 많은 기간을 대상으로 시간에 따른 변화를 나타낼 때 사용하는 단순한 형태의 꺾은선 그래프이다. 2가지 그래픽 수단을 사용했다.

첫째, 실적치를 실선으로 하여 점선으로 표시한 예상치와 구분했다. 둘째, 화살표가 변화의 방향과 크기를 강조하고 있다.

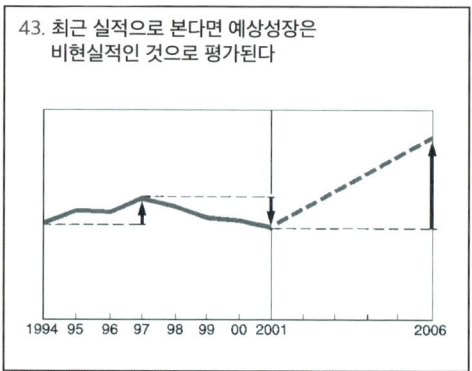

43. 최근 실적으로 본다면 예상성장은 비현실적인 것으로 평가된다

차트 44부터 53은 묶음식 또는 복수 꺾은선 그래프의 예들이다. 차트 44에서 보듯이, 선들이 서로 교차할 때는 다른 패턴을 사용(예컨대 점선, 긴 점선, 실선, 두꺼운 선, 가는 선)하여 혼동되지 않도록 하라. 선들이 교차하지 않을 경우 꼭 이렇게 할 필요는 없다. 어느 경우에나 굵은 실선은 가장 중요한 항목에 사용해야 한다.

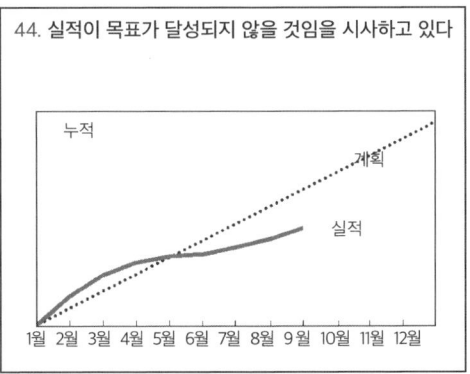

차트 45의 아래 물결선은 세로축의 하단부가 생략되었음을 나타낸다. 이 차트의 초점은 총수입 대 총지출의 상대적인 수준(이 경우 차트는 기준선을 기준으로 표시되어야 한다)에 있는 것이 아니라 둘 사이의 차액에 있다. 흑자와 적자를 구분하기 위해 다른 명암이 사용되었다.

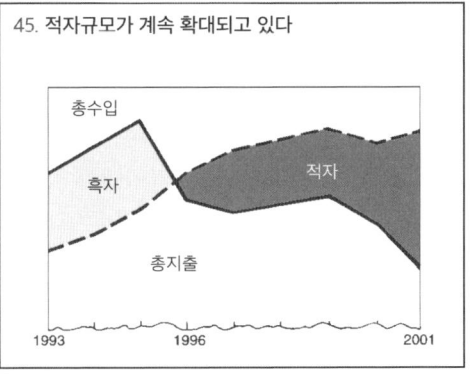

차트 46은 예측한 데이터를 표시하는 데 안전을 위한 완충 장치를 제공하고 있다. 최선의 예측(현실적) 추세선을 중심으로 낙관적/비관적 범위를 설정하면 가정이 무엇이든지 근거가 빈약할 수밖에 없는 예측치에 대해 책임을 져야 하는 위험을 줄일 수 있다.

이 예에서는 범위를 설정하기 위해 가는 점선을 사용했는데, 해당 범위에 색을 입히는 것도 좋은 방법이다.

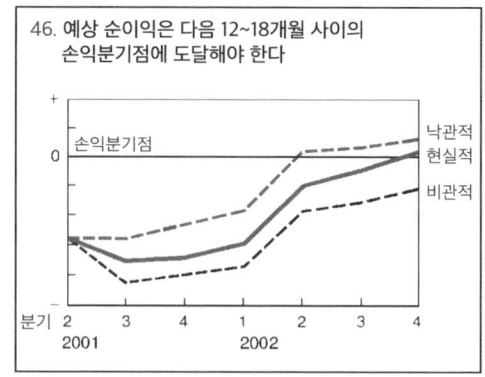

차트 47은 복수 눈금 차트(오른쪽과 왼쪽의 눈금이 다름)이다. 이것은 단위가 다르거나 크기가 매우 달라서 비교가 곤란한 둘 또는 그 이상의 곡선을 함께 나타내 가까이에서 비교한다.

만약 변화나 발전을 비교하고자 한다면, 양 눈금의 기준선을 같은 높이에 두고 두 곡선이 의미 있는 지점에서 만나도록 눈금간격을 조정한다.

여전히 더 좋은 방법은 두 계열을 공통적인 기준(예컨대 지수 또는 백분율 변화)으로 변환하고 하나의 눈금을 사용하는 것이다.

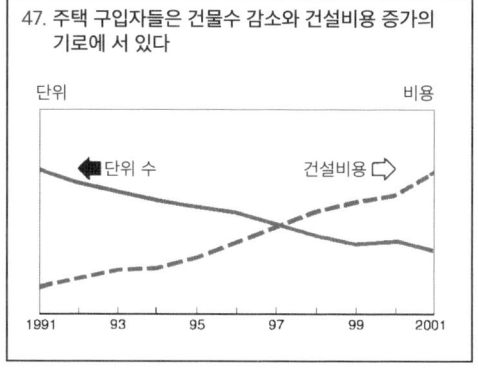

대수(반대수)눈금에 따라 구성된 차트 48은 일련의 데이터에서 어느 한 점과 다른 한 점 간 변화의 비율을 나타내고 있다. 이런 종류의 차트에서는 절대적 수치가 일정한 비율(가령 매주마다 5%)로 증가할 경우 직선으로 나타난다. 산술눈금 차트에서는 절대적 수치가 일정하게 5% 비율로 상승하고 있다면 점점 경사가 급하게 올라가는 곡선으로 나타날 것이다.

이 차트에는 기준선이 없기 때문에 수준이나 크기, 음의 부호를 갖는 데이터를 측정하기 위해 사용해서는 안 된다. 이 차트는 면 그래프(또는 세로막대 그래프)로는 올바르게 표현될 수 없다. 대수눈금을 사용할 때에는 항상 주의하라. 만약 독자가 눈금을 이해하지 못할 가능성이 있다면 그것을 어떻게 읽어야 하고 무엇을 기대해야 하는지 설명하자.

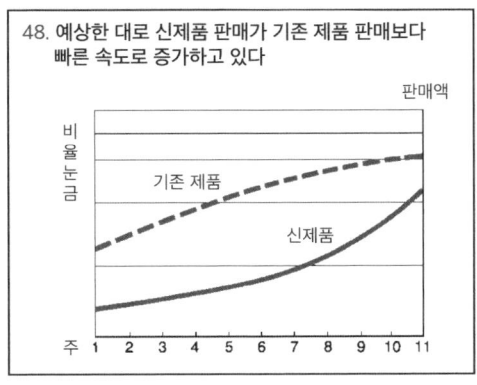

차트 49는 지수눈금 차트로서 기준값에 대한 백분율로 변환된 데이터를 나타내고 있다. 임의의 두 시점 사이의 상대적 변화를 나타내는 대수눈금 차트와 달리, 지수눈금 차트는 오로지 기준값으로부터 각 시점까지의 상대적 변화만을 나타낸다. 이는 절대량 눈금에 비해 유리하다. 다른 종류의 단위나 크기가 다른 단위로 측정된 둘 또는 그 이상의 데이터 계열을 비교하는 데 이용할 수 있기 때문이다.

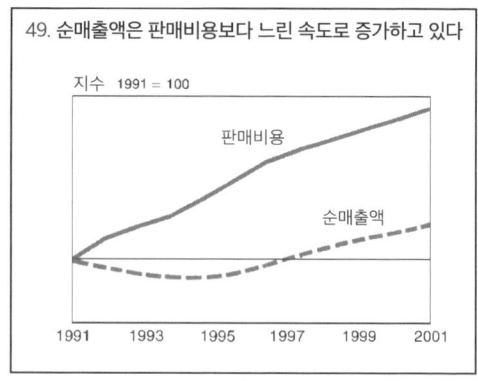

이런 종류의 비교는 변화를 단순한 백분율 차이로 표시한다면 더욱 명확해질 것이다. 예를 들어 '1991년 이래 매출액의 % 증가'와 '판매지수 : 1991 = 100'은 전자에서 눈금이 100, 125, 150 대신 0, 25%, 50%로 읽혀지게 나뉘지는 점만 제외하면 정확히 같은 그림이 된다.

차트 50은 지수값 대신 1996년과 2001년 사이의 백분율 변화를 나타내는 눈금을 사용했다. 수입, 자산, 매출이라는 세 항목들 간 비교가 의미를 가지려면 세 항목에 대해 반드시 눈금이 같아야 한다.

여기서 가능한 다른 방법은 A사와 B사에 대해 각 하나씩, 두 차트만을 사용하여 각 회사의 수입, 자산, 매출의 백분율 변화를 자신만의 모눈선 위에 나타내는 것이다.

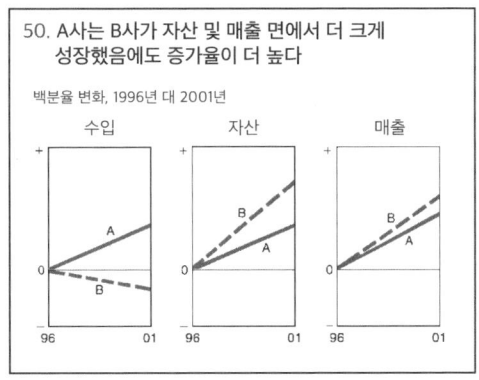

차트 51은 수학식을 시각화하기 위해 수형도(樹型圖)를 사용하고 있다. 이 경우 투자수익률은 판매수익률에 자금회전율을 곱한 값이다.

각 창에서 두 회사별 추이를 볼 수 있으며, 독자들은 결과적인 투자수익률 실적에 어떤 문제가 있는 경우 수형도의 여러 가지를 살펴보고 그 원인을 찾을 수 있다.

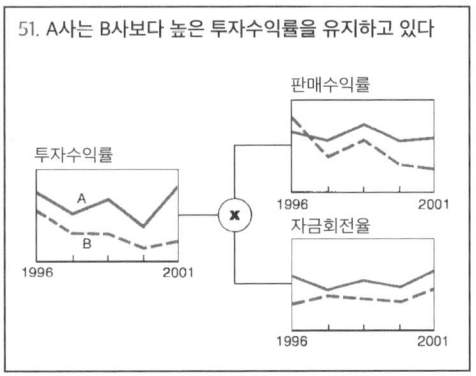

차트 52는 고객사를 나타내는 꺾은선은 굵은 실선으로 강조하고, 모든 경쟁사의 꺾은선과 비교하고 있다. 반면에 고객사를 각 경쟁사와 비교하고 싶다면 다음 예에서 사용된 방법이 더 적절하다.

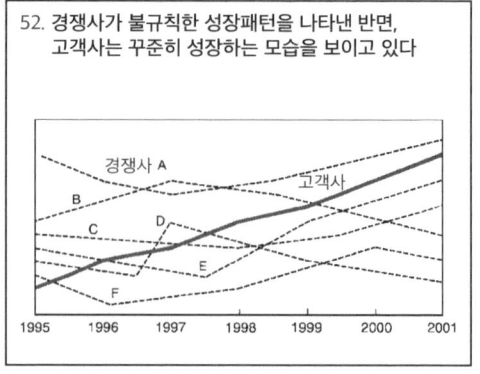

52. 경쟁사가 불규칙한 성장패턴을 나타낸 반면, 고객사는 꾸준히 성장하는 모습을 보이고 있다

차트 53은 고객사를 따로따로 각 경쟁사와 비교하고 있기 때문에 더 많은 차트를 포함하고 있다(그래서 그리는 데 더 많은 시간이 걸린다). 그러나 차트 하나당 비교는 앞의 예보다 더 간단하다. 고객사를 나타내는 선은 각 차트에서 동일하다.

이 접근방법을 이용하면 쉬운 이해를 위해 비교들을 묶을 수 있다(주어진 시점에서 고객사에 비해 앞선 경쟁자, 비슷한 경쟁자, 뒤처진 경쟁자별로). 곡선보다 면 그래프를 이용하여 고객사의 실적을 강조할 수도 있다.

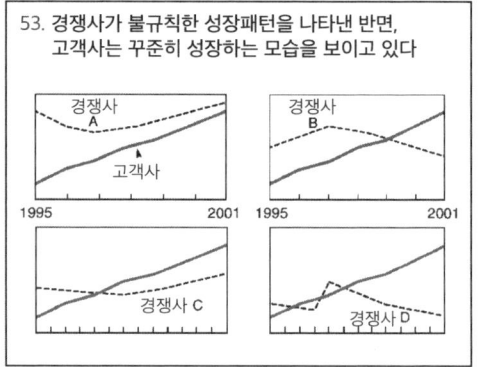

53. 경쟁사가 불규칙한 성장패턴을 나타낸 반면, 고객사는 꾸준히 성장하는 모습을 보이고 있다

차트 54는 면 그래프, 즉 양감을 살리기 위해 추이선과 기준선 사이 공간에 색을 입힌 선 그래프이다.

이 예에서 하락기간을 더 진하게 표시한 그래픽 수단은 2개 분기를 자세히 살펴보도록 관심을 유도하고 있다.

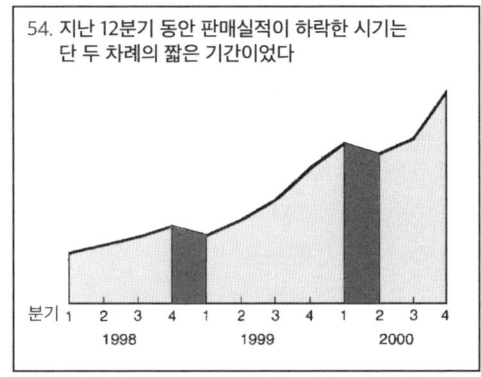

차트 55는 시간에 따른 세 구성요소의 절대적 기여도 변화를 나타내고 있으나 일차적인 강조점은 총계에 있다. 오직 가장 아래층만이 고정된 기준에서 직접 판단된다. 다른 모든 층들은 변동 기준에 따라 판단되기 때문에 그것들의 크기는 대략적으로만 측정될 수 있다.

직접적인 이해를 위해서는 차트 39에 설명된 접근방법을 사용하자. 만약 층들이 급격히 변동한다면 세분식 세로막대 그래프(차트 38을 보라) 또는 차트 39에서 설명한 접근방법을 사용하자.

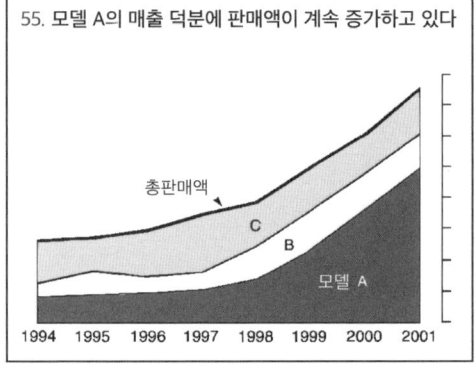

차트 56은 시간에 따른 구성요소들의 상대적 기여도 변화를 나타낸다. 메시지를 강조하기 위해 중요한 구성요소(이 경우 모델 X의 점유율)를 두 경쟁 모델 사이에 끼워 넣었다. 관련성을 설명하는 모든 차트처럼, 이런 종류의 차트는 백분율이 상당히 안정적이지 않은 절대량에서 산출되었을 경우 오해를 가져올 수 있다.

예를 들어 만약 100%가 급격히 상승하고 있는 총계를 대표한다면, 백분율 감소가 실제적으로는 양이 증가하고 있음을 의미할 수도 있다. 그 같은 경우 차트 또는 표를 덧붙여서 절대량을 보여주는 것이 좋다.

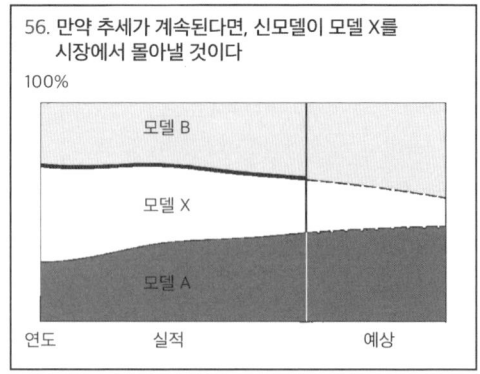

56. 만약 추세가 계속된다면, 신모델이 모델 X를 시장에서 몰아낼 것이다

• 시간에 따를 변화를 나타냄

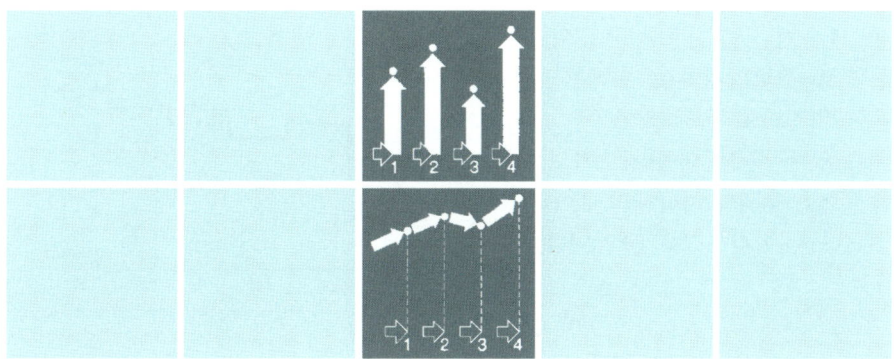

시간적 추이 비교유형
결합형 차트

차트 57부터 63은 시간에 따른 변화에 추가적인 견해를 부여하기 위해 세로막대와 꺾은선을 결합하고 있다.

차트 57 묶음식 세로막대(생산능력에 세로막대 하나, 주문에 다른 하나)를 사용할 수 있지만, 생산능력이 일정하기 때문에 대신 배경선/면 그래프로 표현했다.

이 예에서처럼 생산능력과 주문의 수준이 아니라, 그것들 사이의 차이를 강조하기 위해서는 편차 그래프를 사용하는 것이 한 방법이다(차트 33을 보라). 이때 생산능력을 기준선으로 설정하고 생산능력 이상 또는 이하의 주문수를 측정한다.

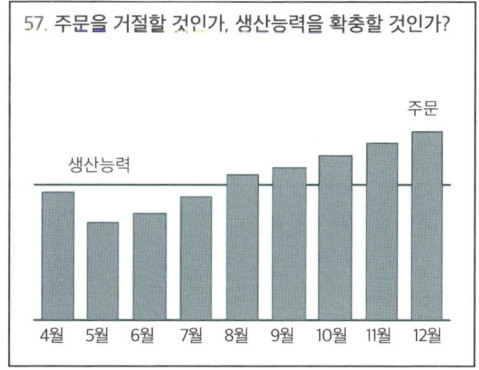

차트 58 역시 묶음식 세로막대 그래프(올해에 세로막대 하나, 지난해에 세로막대 하나)를 사용할 수 있다. 한편 이 세로막대와 선 그래프 방법은 일차적으로 올해의 활동을 나타내고 있는 세로막대를 강조하고, 이차적으로 올해와 지난해의 데이터를 비교하는 데 강조점을 두고 있다.

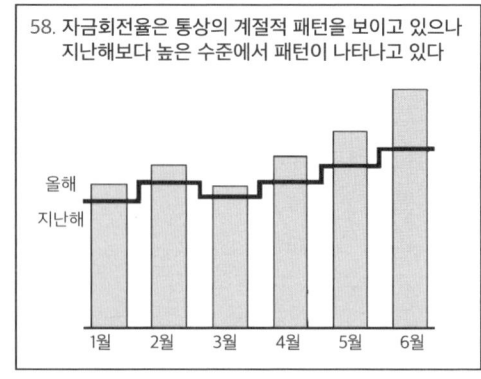

차트 59는 월 생산량의 변동을 나타내는 세로막대 그래프와 1월 이후 누적 추이를 나타내는 꺾은선 그래프를 조합했다.

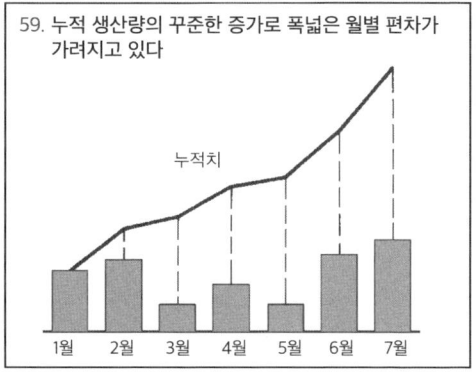

차트 60은 1996년과 1997년의 초기 투자가 어떻게 1998년에 흑자로 전환되었는지를 나타내기 위해 편차 세로막대 그래프를 사용했다. 더불어 손익분기점에 언제 도달했는지 나타내기 위해 꺾은선 그래프를 사용했다.

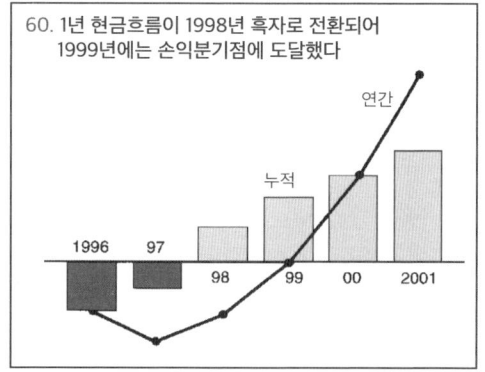

차트 61은 차트 59나 60과 비슷하다. 하지만 이 경우 꺾은선이 누적 추이가 아니라 이익과 손실 간 순수 차액을 나타낸다.

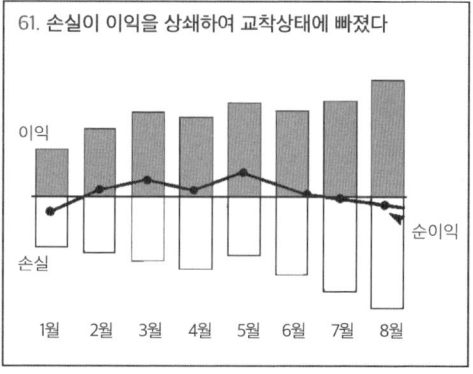

차트 62는 과거의 연간 데이터를 요약하기 위해 세로막대 그래프를, 올해의 실적은 월별 단위로 살펴보기 위해 꺾은선 그래프를 사용했다.

이 방법은 경영정보 시스템에서 자주 이용된다. 월간 실적 데이터를 추가하기 위한 공간이 있어서 매달 차트를 새로 준비할 필요가 없다.

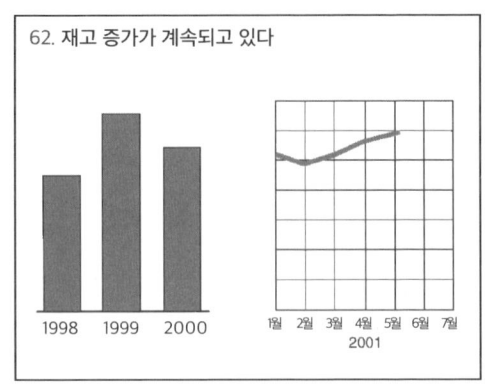

차트 63 역시 경영정보 시스템에 자주 등장한다. 이것은 실제 매월(주 또는 분기)의 결과를 한 해가 시작할 때 정한 계획량(또는 목표나 지난해 총계)에 대비하여 나타낸다.

누적치로 표시하면 일반적으로 실적과 계획량 사이의 차이가 작게 나타나는 경향이 있어서 문제되는 기간에 관심을 끌지 못하는 경우가 많다. 그 차이를 확대하여 나타내려면 이 예에서 보듯이 실적 대 계획량의 백분율 차이를 제시하는 것이 좋은 방법이다.

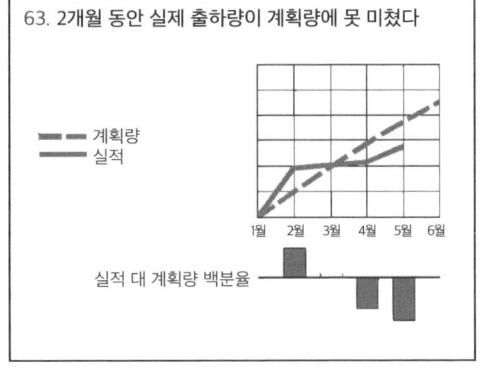

차트 64는 원 그래프와 꺾은선 그래프를 결합했다. 원 그래프는 각 시점에서의 구성비를 나타내고, 꺾은선 그래프는 시간에 따라 변화하는 총량을 나타낸다.

원 그래프 하나당 구성요소는 3개, 추세선은 1개, 시점은 6개까지로 제한하여 단순함을 유지하자.

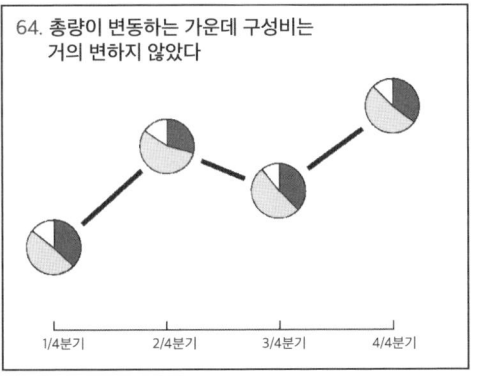

• 연속적인 수 범위 내에 얼마나 많은 항목이 속하는지 나타냄

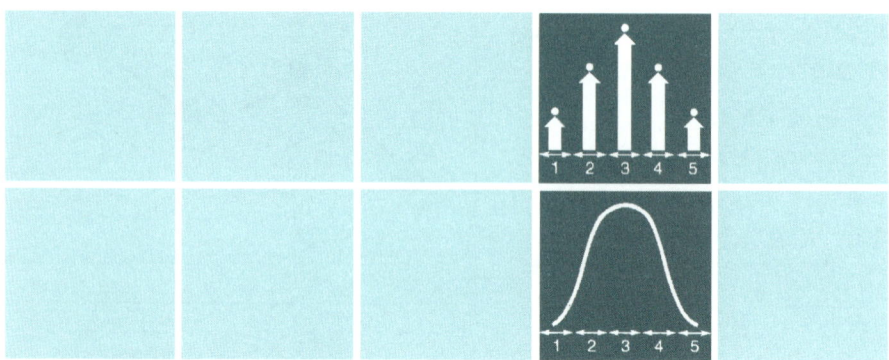

도수분포 비교유형

차트 65는 도수분포의 히스토그램 형태를 나타낸다. 수평눈금 위의 범위들이 동일하고 불연속적이라는 사실에 주목하자.

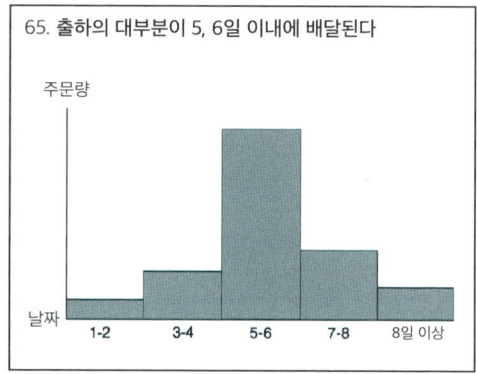

차트 65에서처럼 불연속 데이터 대신 연속 데이터를 다룰 때에는 차트 66의 히스토그래프 접근방법을 사용하자.

수평눈금은 집단으로써 표현된 값들이 아니라, 매 순간 대응하여 일렬로 정렬된 값들을 나타낸다.

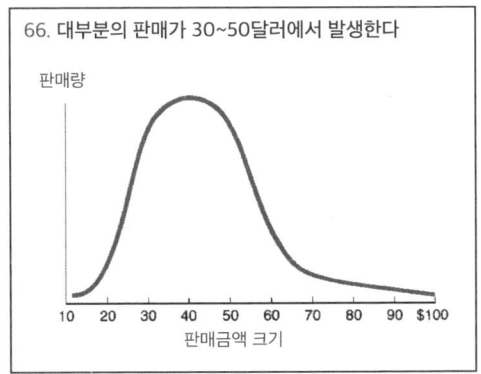

차트 67은 같은 차트 내에서 2개의 분포를 비교하기 위해 계단형 세로막대와 계단형 꺾은선을 결합했다.

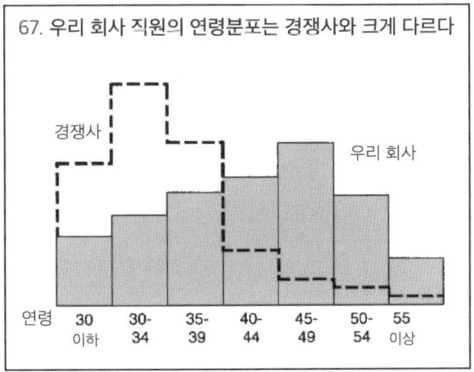

차트 68은 회사 데이터에 세로막대 그래프를, 산업평균에 대해 계단형 세로막대 그래프를 사용했다. 이 방법은 하나 대 전체 비교유형에 특히 적합하다.

이 경우 겹쳐진 세로막대 가운데 몇몇은 배경의 세로막대보다 더 크지만 혼동을 유발하지는 않는다(차트 19와 37의 논의를 보라).

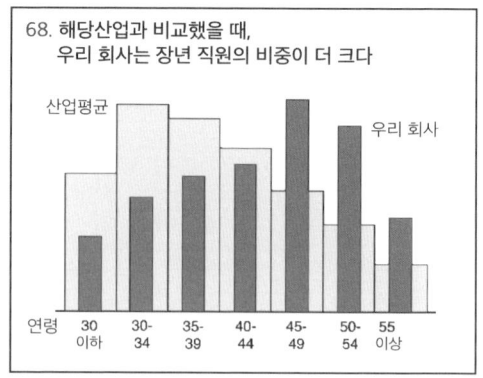

차트 69는 일차적으로 총직원수의 분포를 나타내고, 이차적으로 각 급료 등급의 구성요소를 나타내는 세분식 히스토그램이다. 급료 등급은 실제 급료의 범위를 나타내는 빠른 방법이다.

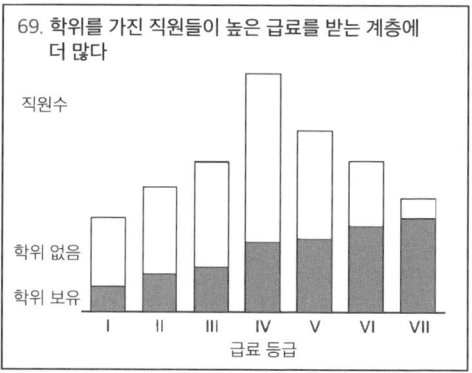

• 두 변수들 사이의 관계가 기대와 일치하는지 여부를 나타냄

상관관계 비교유형

차트 70은 점 그래프(산포도)로, 두 변수들 사이의 관계가 기대패턴을 따르는지 여부를 결정하도록 돕는다. 이 예에서 더 큰 할인폭이 제공될수록, 판매량이 증가할 것으로 기대할 것이다. 화살표는 기대패턴이 어디에 위치하는지 나타내고 기대패턴과 실제패턴이 크게 다르다는 사실을 강조한다.

점들이 각각의 거래를 표시하고 있으나 특별히 판매원을 명시하고 있지는 않다. 각 점에 이름을 붙이면 차트가 어수선해지기 때문이다. 다음 차트는 특정한 판매원을 구분하는 방법 중 하나를 제시하고 있다.

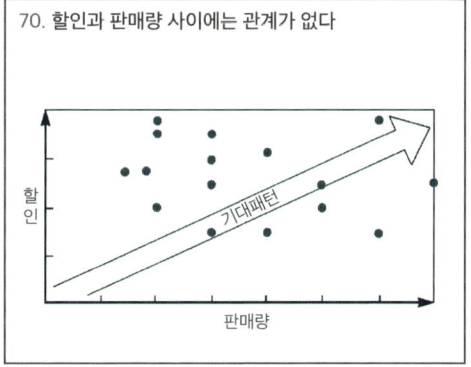

70. 할인과 판매량 사이에는 관계가 없다

차트 71은 쌍 가로막대 그래프로, 전반적인 상관관계를 나타낼 뿐만 아니라 각 거래를 구별해주고 있다. 앞의 차트와 같은 데이터를 사용하여 항목을 할인폭에 따라 정렬했다. 만약 상관관계가 보통 기대하는 대로 존재한다면, 판매량 막대는 할인 패턴을 그대로 비출 것이다.

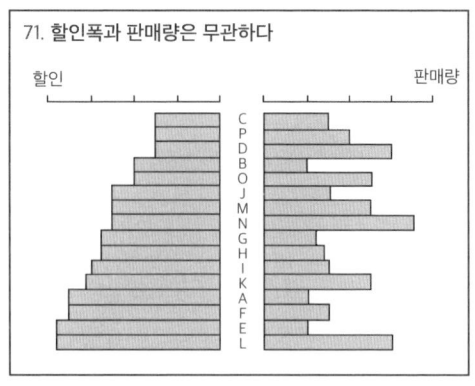

데이터에 따라 기대패턴은 수평(관계가 없음을 의미)이거나 차트 72에 나타난 것처럼 아래로 향할 수 있다. 기대패턴 주위에 밀집된 표시점들은 가격 상승과 판매량 감소는 관계가 있음을 지적하고 있다.

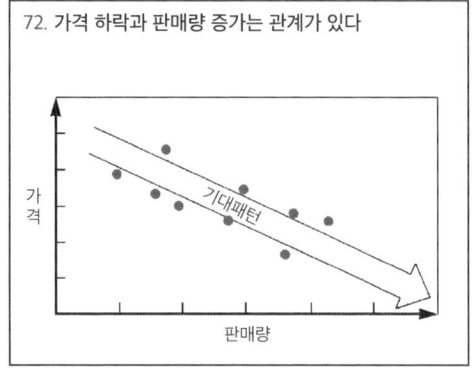

차트 73은 차트 72와 같은 데이터를 사용하되 그것들을 쌍 가로막대 그래프로 표현했다. 가로막대는 거울 이미지를 형성하지 않는 대신, 가격과 판매량 사이에 일관성 있는 패턴을 나타내고 있다.

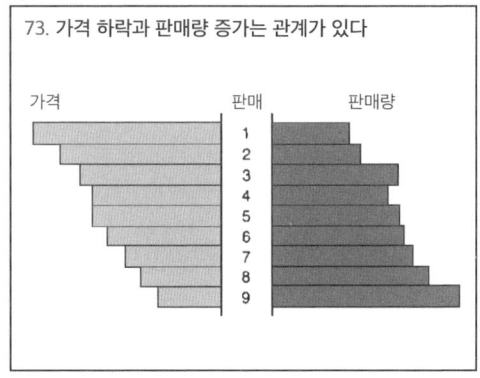

차트 74는 하나 이상의 항목을 나타내는 묶음식 점 그래프이다. 두 항목을 구별하기 위해 점과 원을 사용했다. 물론 사각형, 삼각형 등의 다른 기호를 사용할 수도 있다.

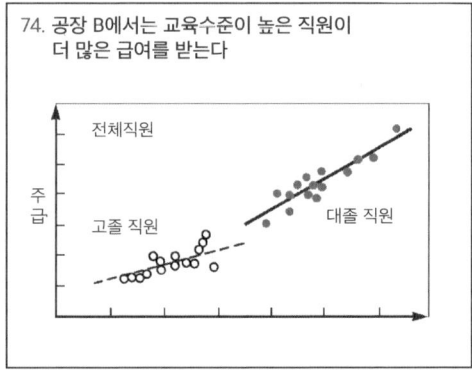

차트 75는 반대수(半對數) 눈금을 사용함으로써 상관관계 비교유형을 표현하고 있다. 이 예에서 두 항목은 해당 산업의 범위(중간점의 위아래로 5% 범위)와 회사 매출액 대비 CEO의 보수(별로 표시했으며 점과 같음)이다.

산술눈금을 사용했다면 산업 범위는 차트를 가로지르며 더 커졌을 것이다. 왜냐하면 범위는 보통 일정한 수준의 백분율 증가로 계산되기 때문이다. 또 위쪽으로 곡선이 치켜 올라가 관련성을 파악하기 어려웠을 것이다.

이 눈금 조정을 통해 산업 전체의 관계를 '직선화'해서 비교를 분명하게 하고, 범위를 시각적으로 일정한 너비로 유지하고 있다.

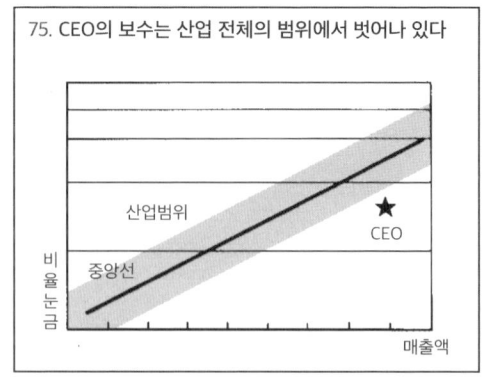

75. CEO의 보수는 산업 전체의 범위에서 벗어나 있다

차트 76은 범위가 각 봉급 등급에서 최고값, 중간값, 최저값으로 정의된 점을 제외하면 차트 75와 유사하다. 점들은 각 등급에 속하는 직원의 실제 봉급 및 그 봉급과 범위 간 관계를 나타내고 있다.

봉급체계의 재평가가 필요한 이유는 대부분의 직원이 범위의 중간값 위에 있고, 다수가 최대값 위에 있기 때문이다.

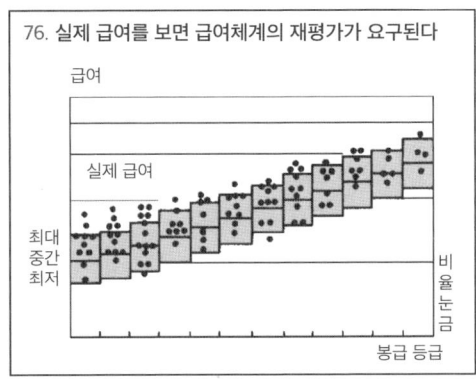

차트 77은 비용(고정비용 및 변동비용)을 나타내기 위한 세분식 면 그래프와 판매량을 나타내기 위한 선 그래프가 결합된 손익분기점 차트이다. 여기서 이 차트는 점 그래프와 쌍 가로막대에서 볼 때 제자리를 벗어난 것 같지만, 판매량 증가와 비용 증가 사이의 상관관계를 나타내기 위해 사용되었다.

오른쪽의 세로막대 그래프는 특정한 판매량에서 비용이 어떻게 구성되었는지 나타내기 위해 추가될 수 있다.

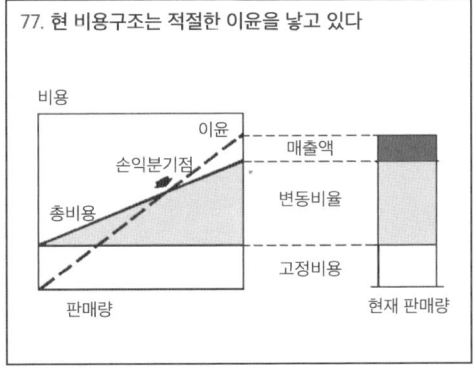

차트 78은 '물방울 차트'로도 알려져 있다. 이는 크기가 다른 점들이 제3의 요소를 나타내고 있는 점 그래프의 일종이다. 기업의 사업 포트폴리오를 나타내고 있는 예에서 9개 각 사업은 시장유인과 회사의 강점의 상관관계에 따라 위치가 정해졌다. 오른쪽 상단으로 갈수록 더 나은 사업이다.

각 사업을 나타내고 있는 점은 해당 사업이 기여하고 있는 이윤의 범위를 표시하기 위해 '물방울'로 표시했다.

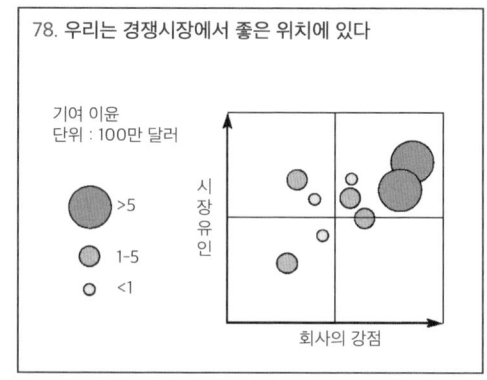

차트 79는 차트 78에 나타난 9개 사업 가운데 3개를 취해 자본수익률과 지출수익률의 상관관계에 의한 수익성을 기준으로 시간에 따른 각 사업의 움직임을 나타내고 있다. 각 사업을 자신만의 모눈위에 표시하여 한 모눈위에 3개 사업을 모두 표시하는 것보다 덜 혼란스럽다.

차트가 더 많다면? 문제없다. 그러나 차트당 비교를 더 단순하게 하라.

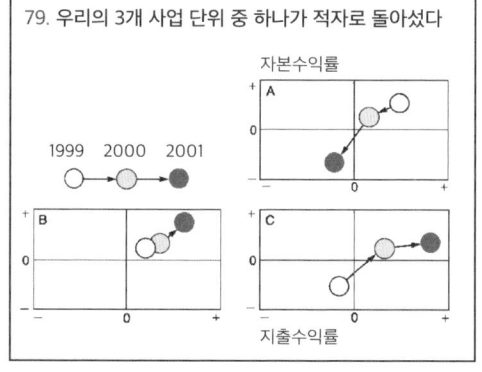

차트 80이라니, 이쯤에서 마치는 게 좋을 듯하다.

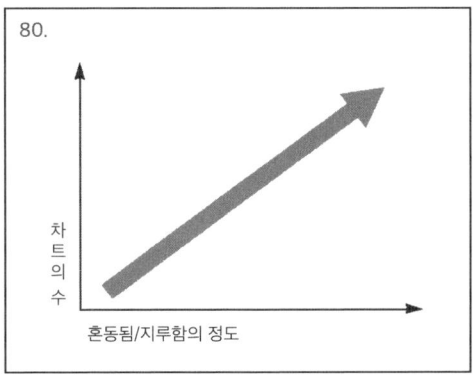

SECTION 3
맥킨지식 차트는 개념과 상징으로 말한다

문제를 찾아가기 위한 해결책

맥킨지식 차트는 개념과 상징으로 말한다

지금까지 나는 계량적인 정보를 차트 형태로 전환하기 위한 개념들을 제시했다. 그러나 몇몇 비계량적 메시지들을 표현하기 위해서는 시각적 도전이 필요하다. 구조와 차례, 과정을 전달하기 위한 이미지들은 물론이고, 상호작용과 지렛대 작용, 상호관계성 등의 개념을 설명하기 위한 이미지들도 여기에 포함된다.

이러한 차이를 깨달은 뒤 나는 당신이 보고서, 프레젠테이션, 기사에 사용할 수 있는 다음의 시각적 이미지 모음집을 만들기 위해 많은 재능 있는 디자이너들과 함께 일했다. 그 이미지들은 크게 두 부류로 구분된다. 화살표, 원, 삼각형 등 추상적이고 기하학적인 형태의 '개념적 비주얼'과 퍼즐, 미로, 사다리 등 일상적인 사물을 포함하는 '상징적 비주얼'이 그것이다. 다음은 이들을 잘 활용하기 위한 몇 가지 제안이다.

당신의 필요에 부합하는 비주얼을 찾고자 할 때 이 섹션을 생각의 출발점을 위한 포트폴리오로 사용하자. 어떤 면에서 비주얼은 문제를 찾아가기 위한 해결책이다. 하나만 따로 떼어서 생각하면 어느 것도 옳고 그르거나, 좋고 나쁘지 않다.

비주얼의 적합성은 그것이 당신이 시각화하고자 하는 메시지에 얼마나 잘 맞는지에 달려 있다. 그리고 그것은 당신이 결정할 문제다.

전달 문제에 대한 시각적 해결방법을 찾을 때 당신은 다음에 나올 이미지들을 왼쪽에서 오른쪽으로 보거나, 다른 시각에서는 이미지들이 무엇을 드러내는지 보기 위해 페이지를 이리저리 넘길 수 있다. 당신은 그것들을 단순화하고 확장하며 증식시킬 수 있다. 그렇지 않으면 그것들을 갖고 놀거나 수정할 수도 있다.

요컨대 이미지들을 당신의 필요에 부합하도록 반죽하자. 일단 이미지를 선택한 뒤에는 이미지 주변과 내부에 말을 추가하여 당신의 메시지를 이끌어낸다. 예를 들어보자.

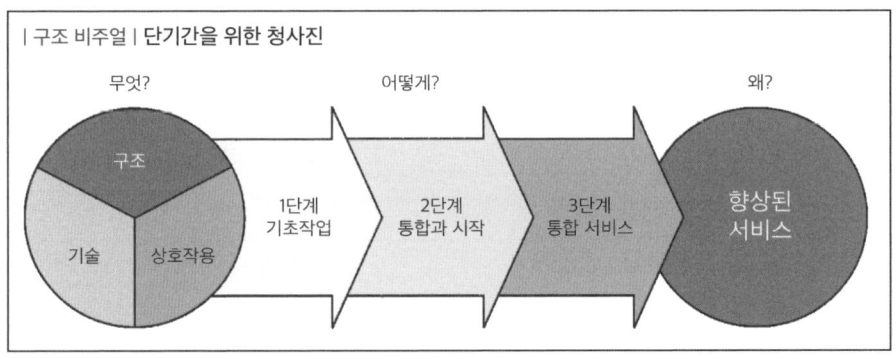

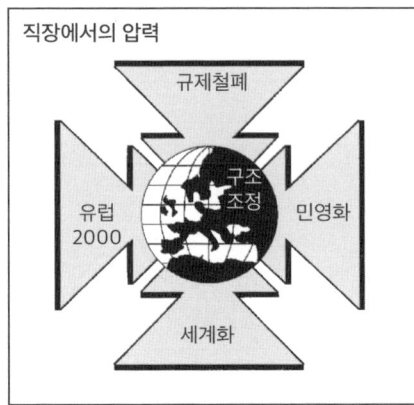

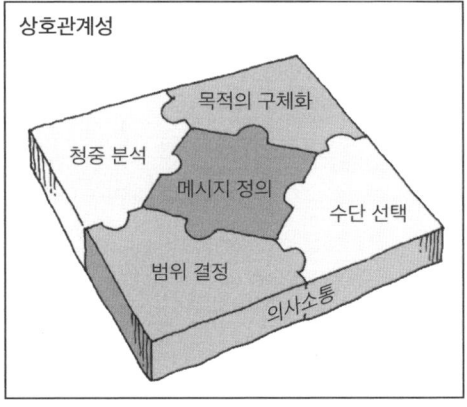

처음 떠오른 아이디어에 꼭 안주할 필요는 없다. 계속 이미지를 보고 변형시켜서 꼭 맞는 형태를 만들어라. 예를 들어 다음을 시각화해야 한다고 가정하자.

1. 프로젝트를 설계하라
2. 시작하라
3. 해결책을 진행하라
4. 추천안을 제시하라
5. 실행하라!

다음은 당신이 위 과정을 시각화하기 위해 선택할 만한, 이 장에서 선별한 9개의 이미지들이다. 그런데 다른 시각적 이미지와 마찬가지로 이 이미지들은 각기 다른 의미를 나타낼 수 있다. 그래서 나는 그것이 당신이 전달하고자 했던 개념을 쉽고 분명하게 표현하는지 확실히 하기 위해 동료들에게 비주얼을 시험해보기를 제안한다. 그러면 당신이 나타내고자 하는 바를 그들이 이해하도록 분명히 할 수 있을 것이다.

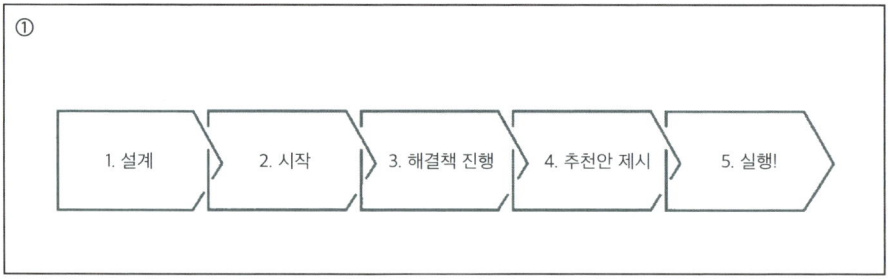

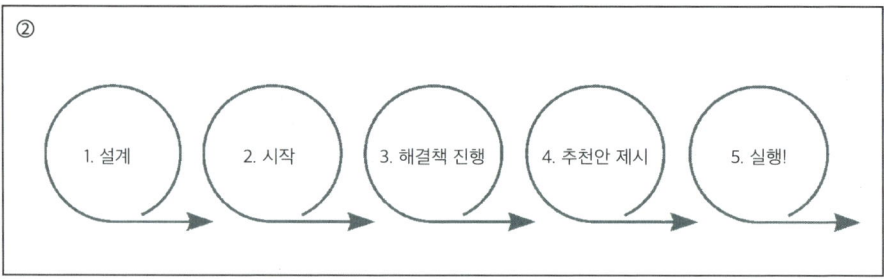

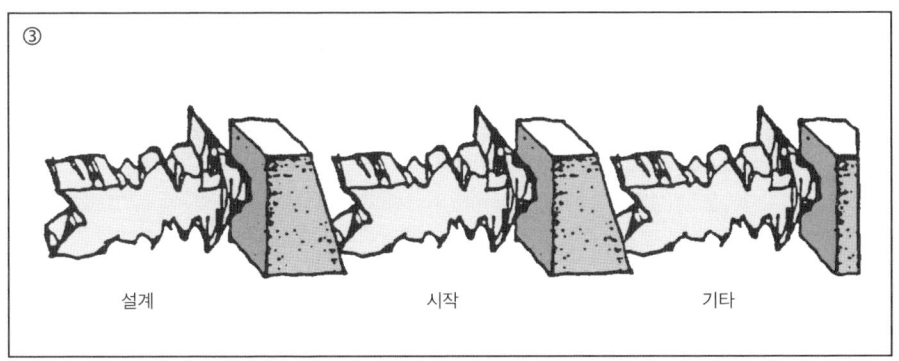

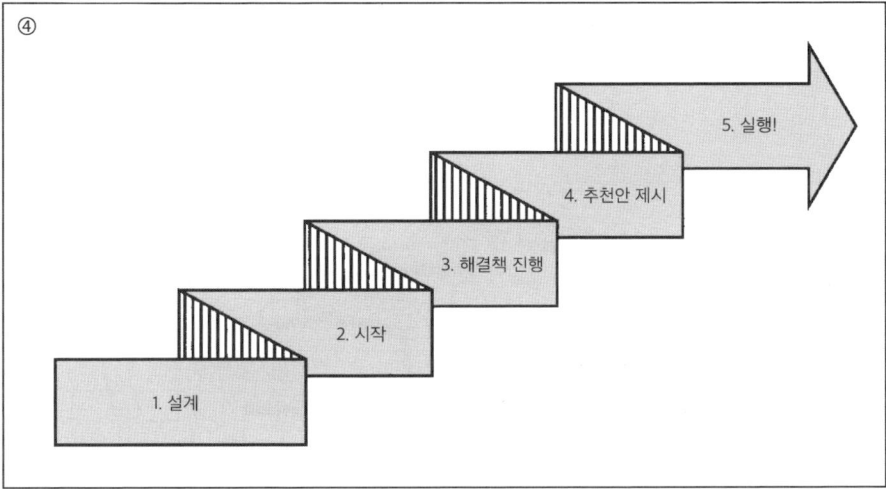

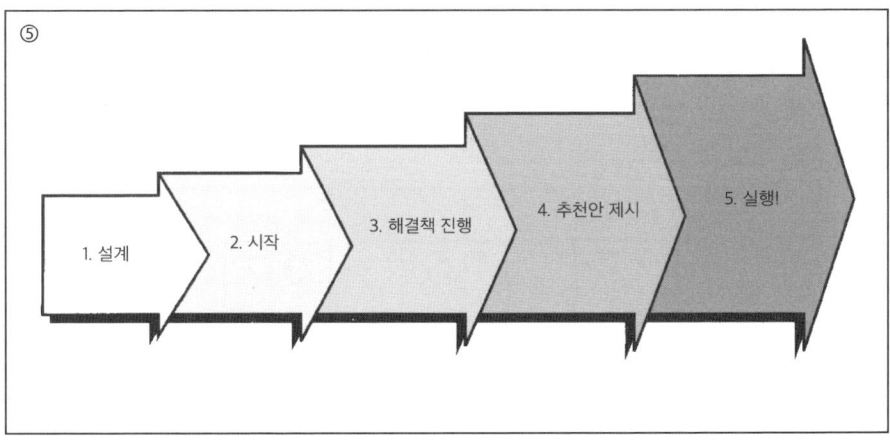

SECTION 3 맥킨지식 차트는 개념과 상징으로 말한다

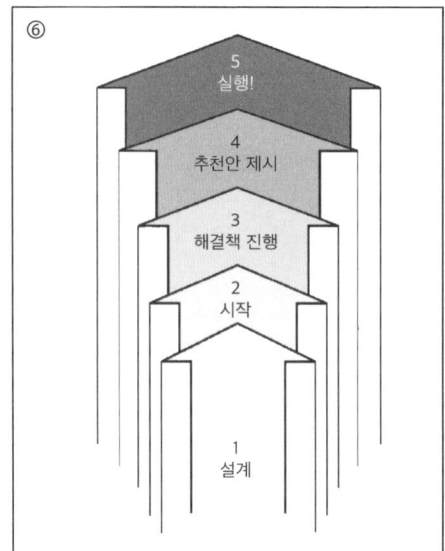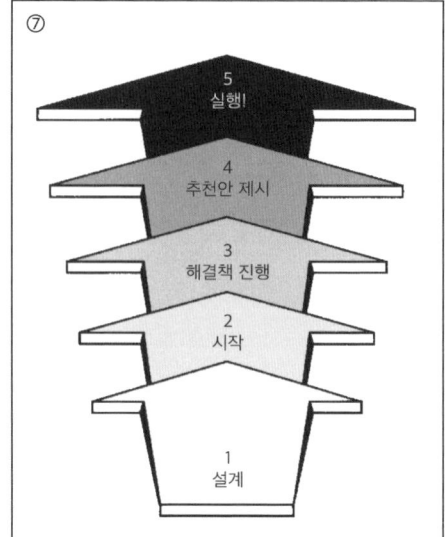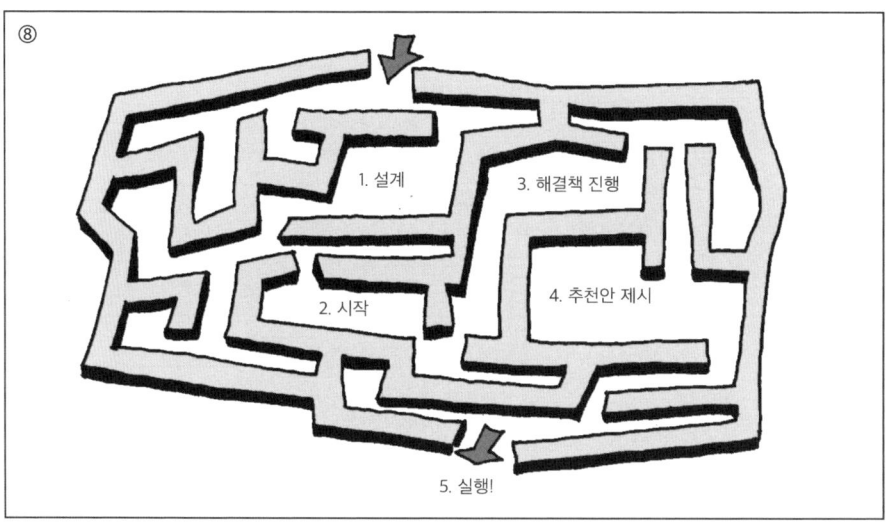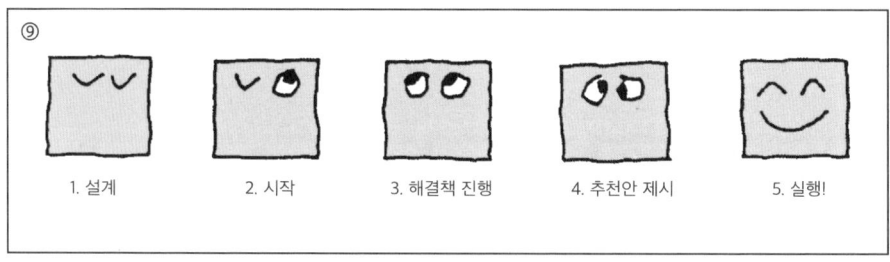

문제를
찾아가기 위한
해결책 1

개념적 비주얼

선형흐름   지렛대/균형
수직흐름   관통/장애물
원형흐름   여과/차단
상호작용   상호관계
압력작용   과정
진로변화   분할

선형흐름

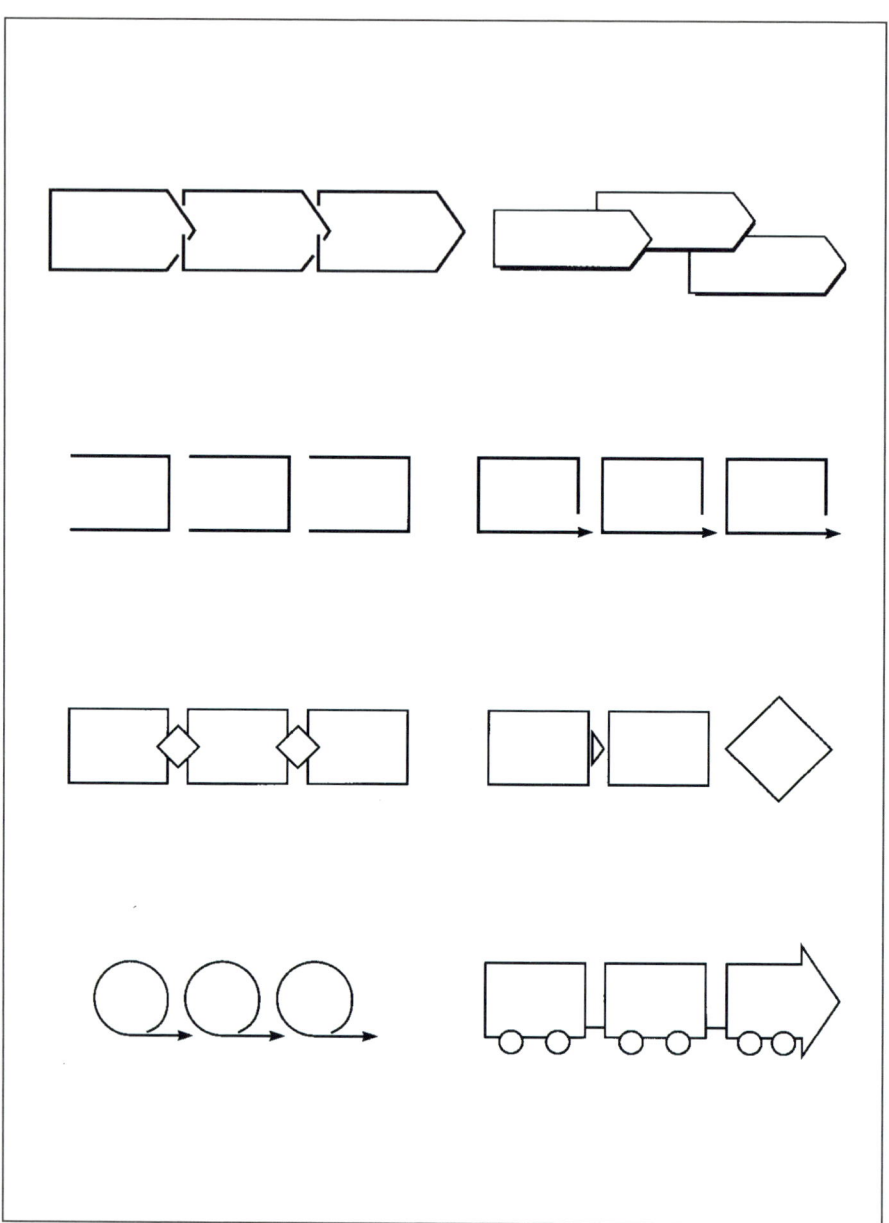

선형흐름

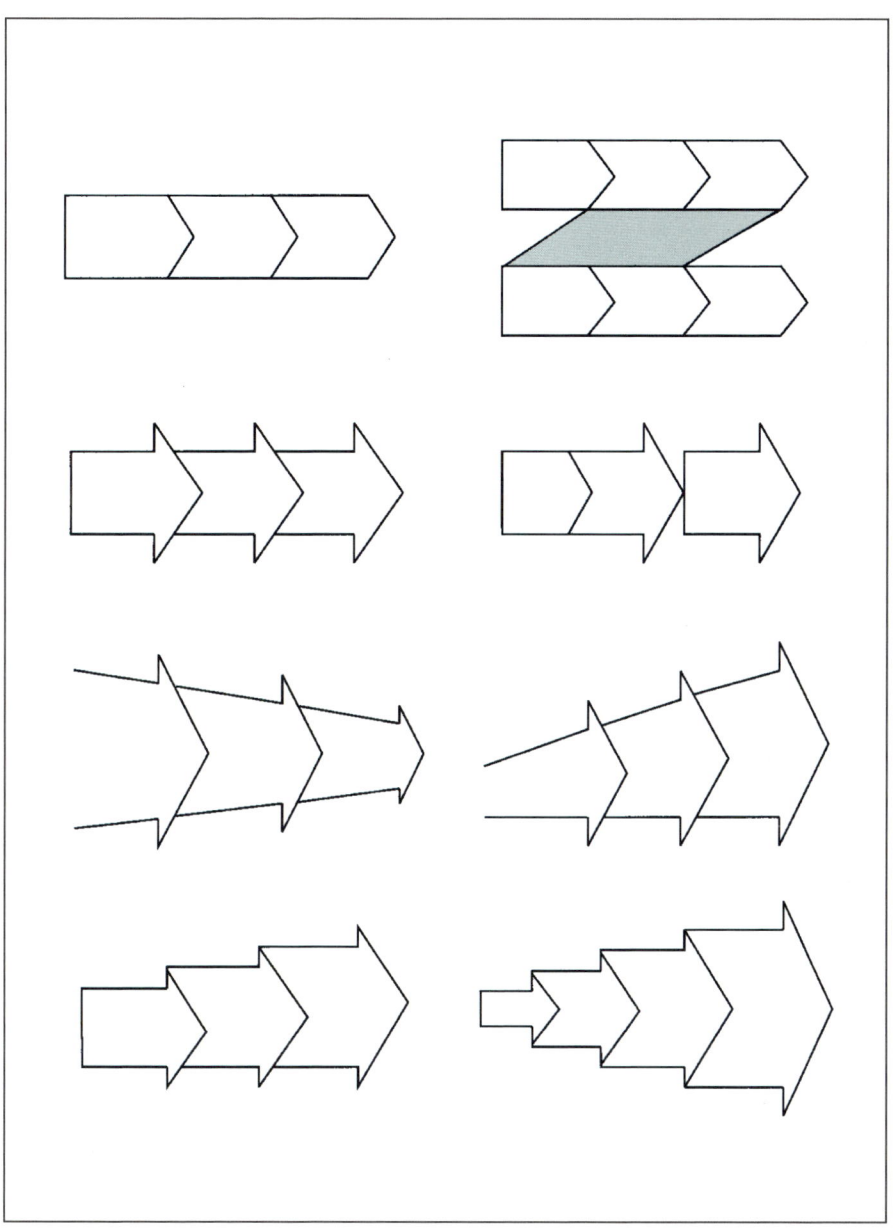

선형흐름

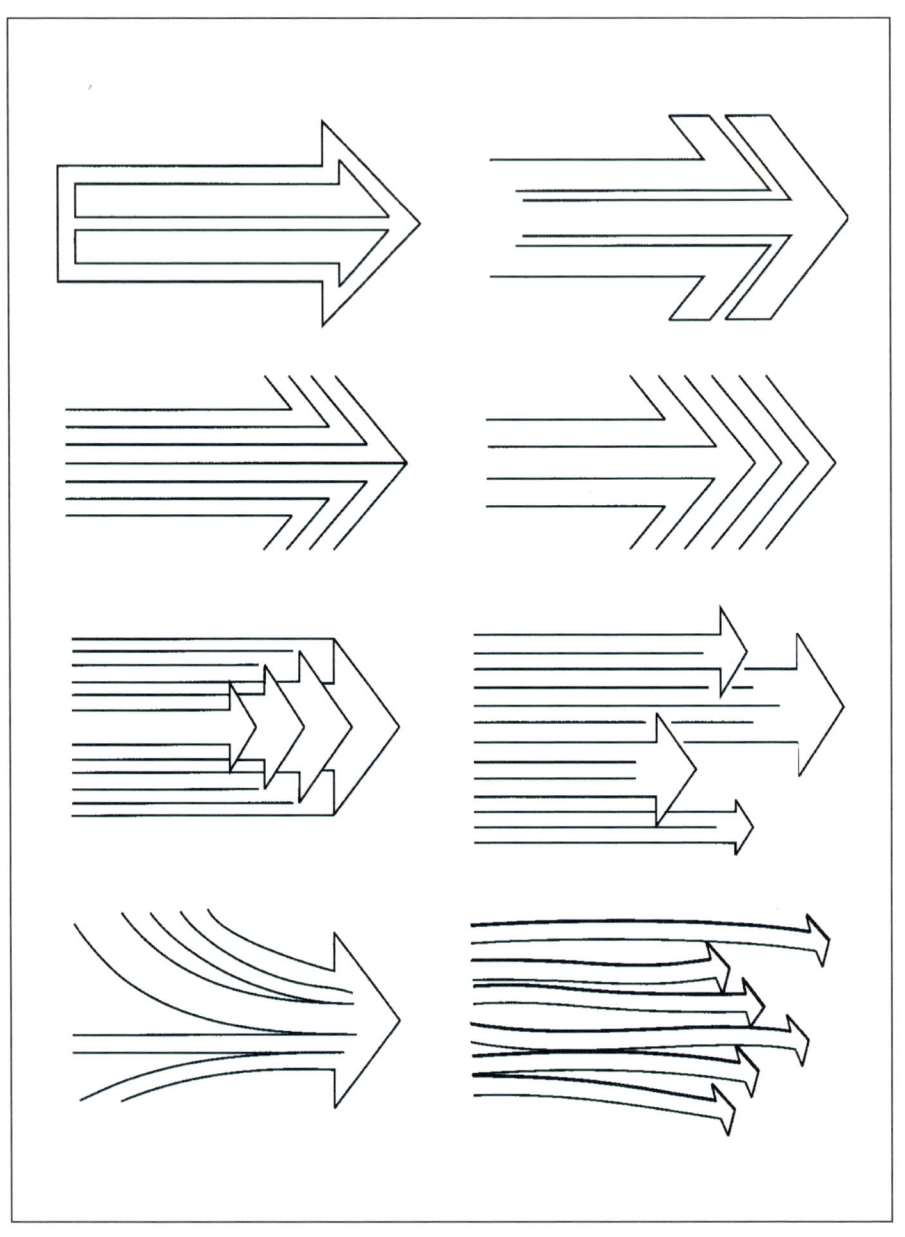

수직흐름

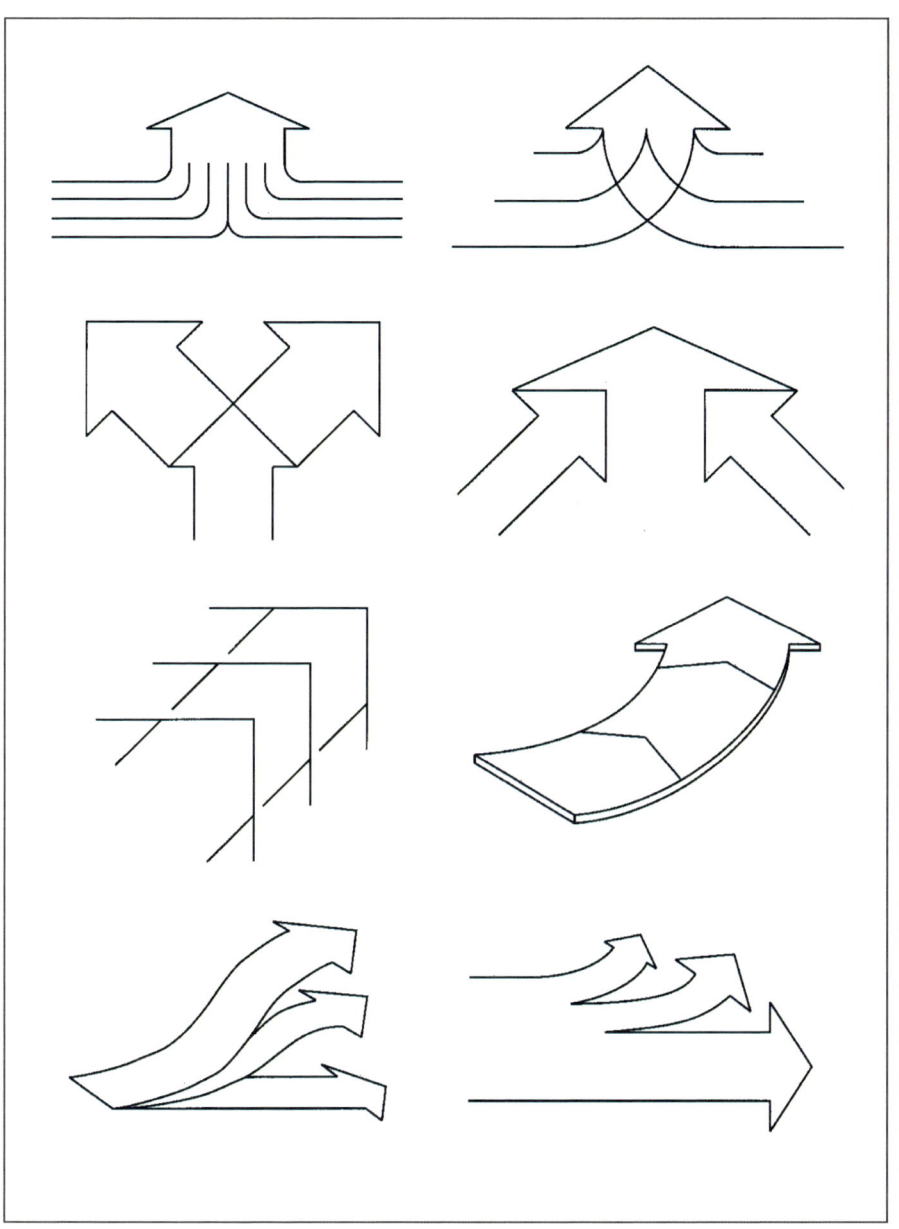

수직흐름

원형흐름

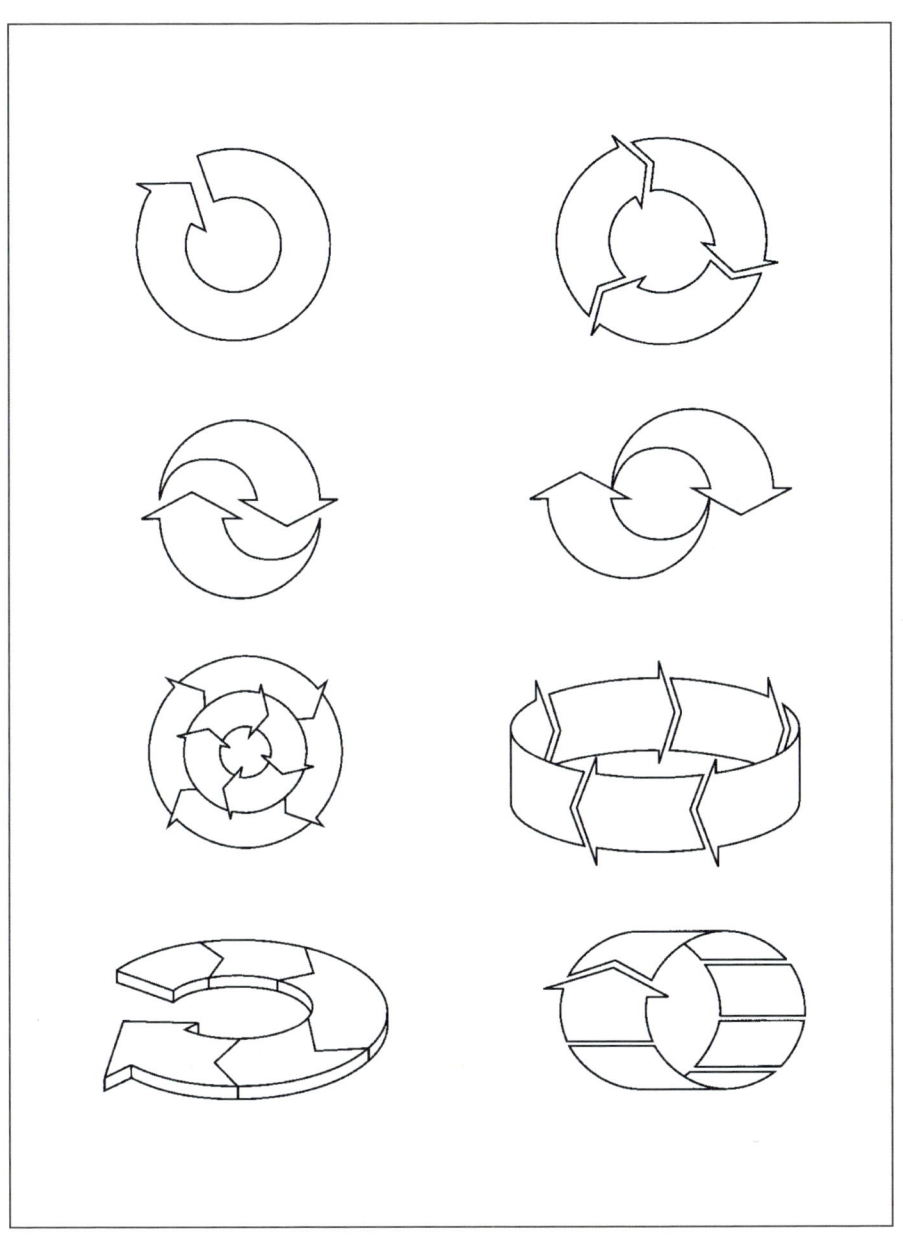

원형흐름

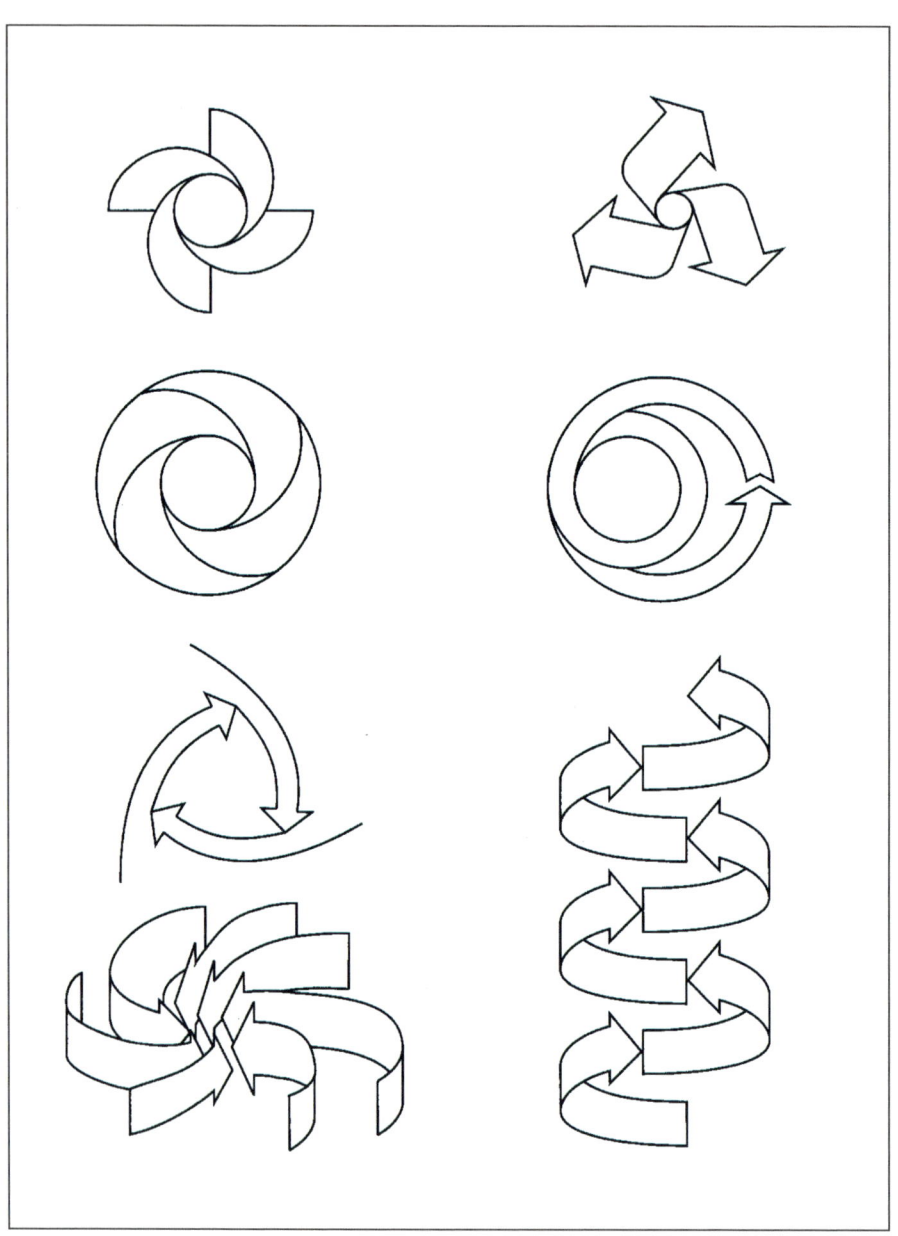

원형흐름

원형흐름

상호작용

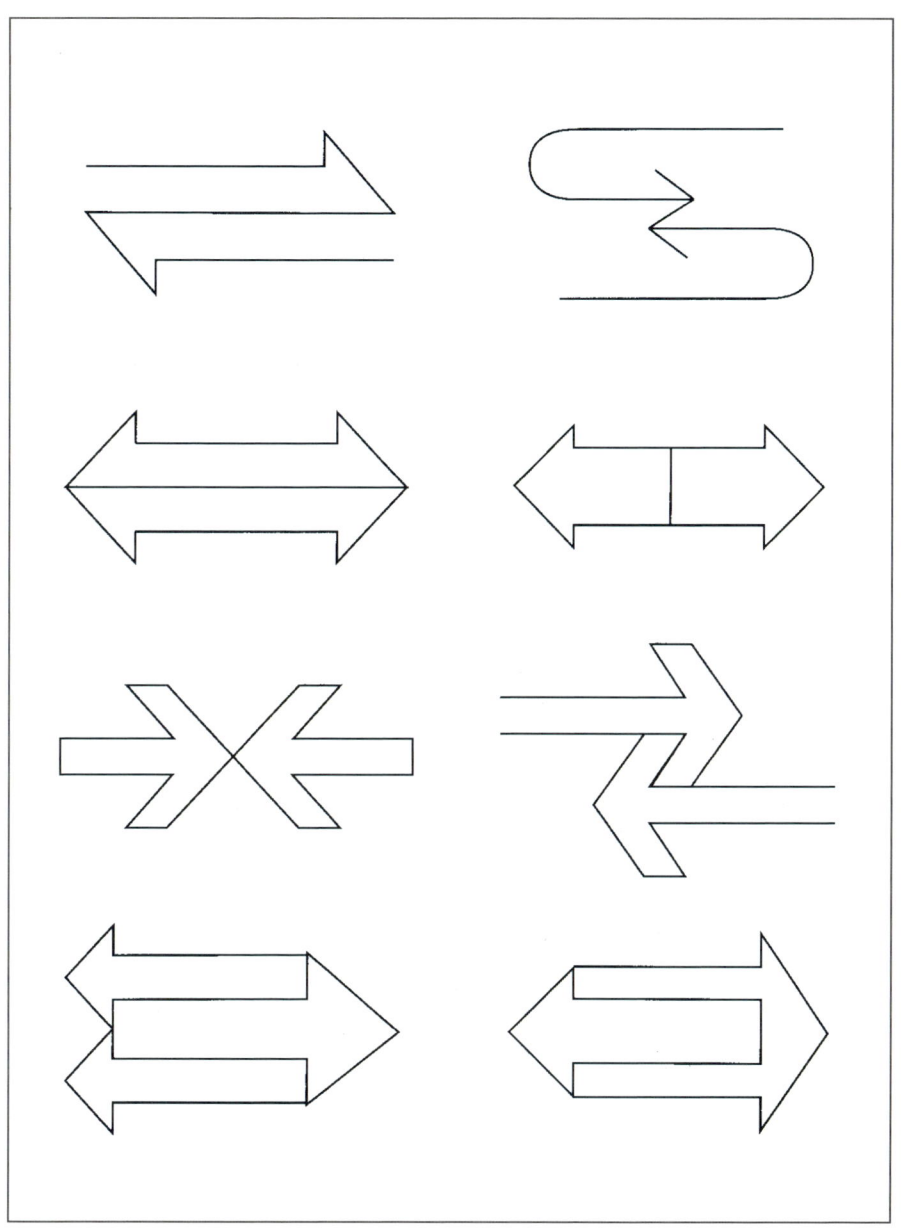

상호작용

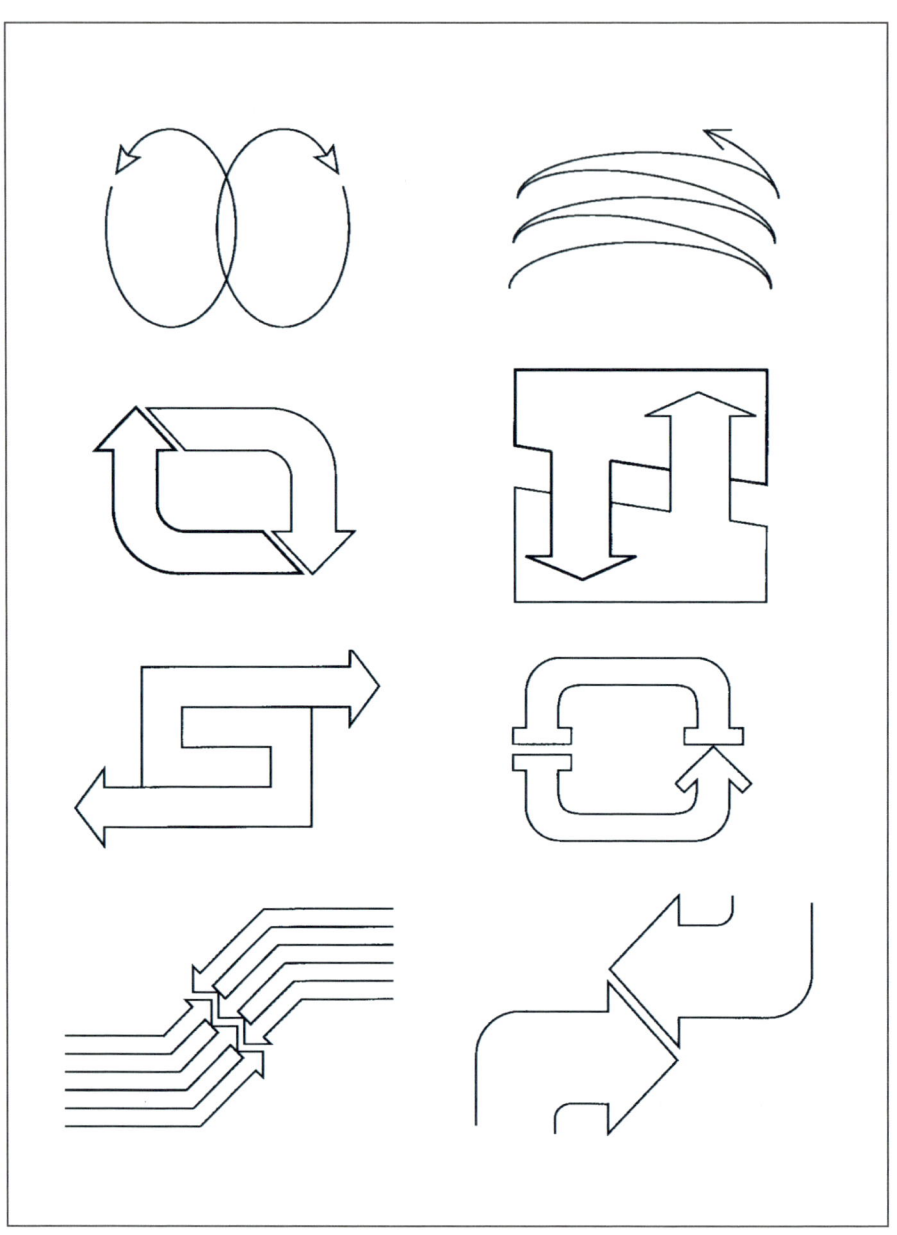

상호작용

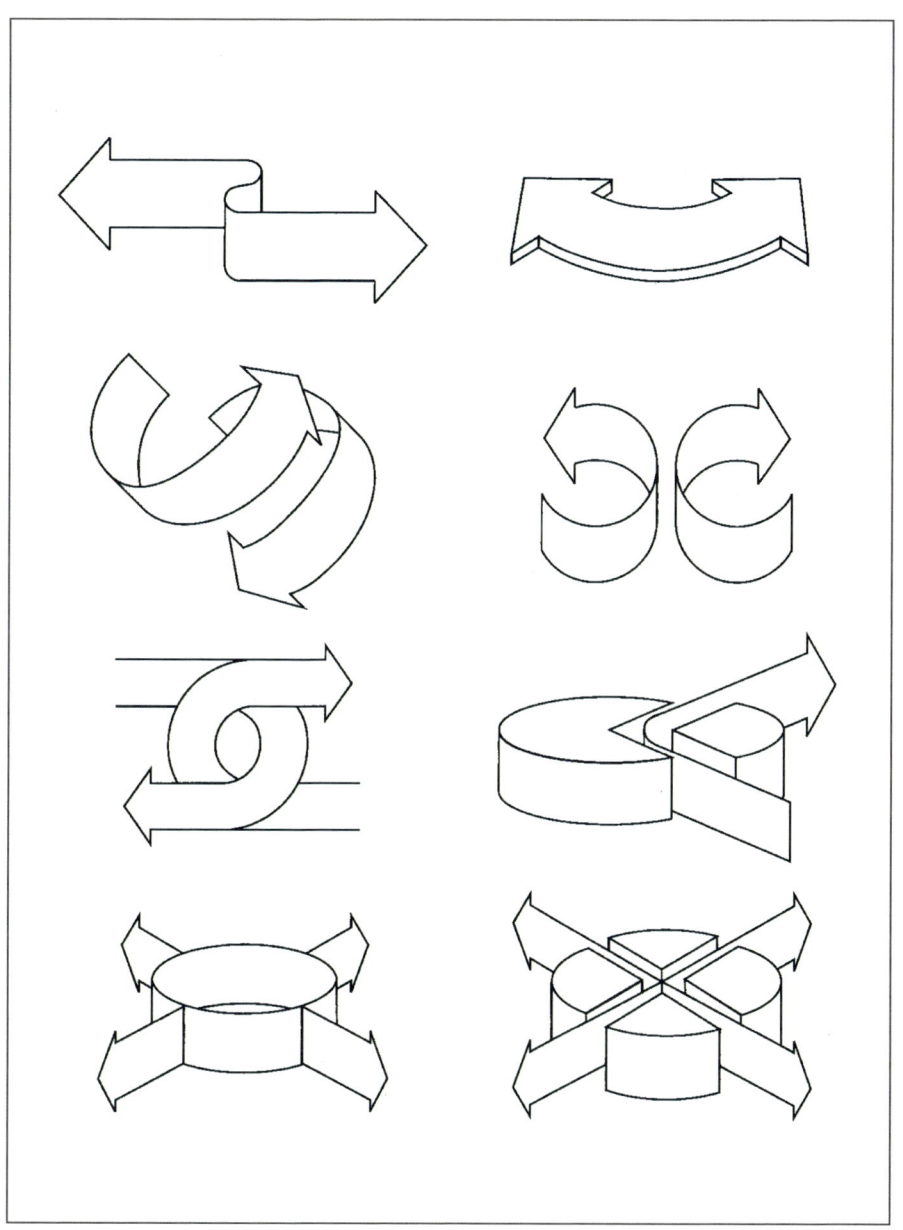

압력작용

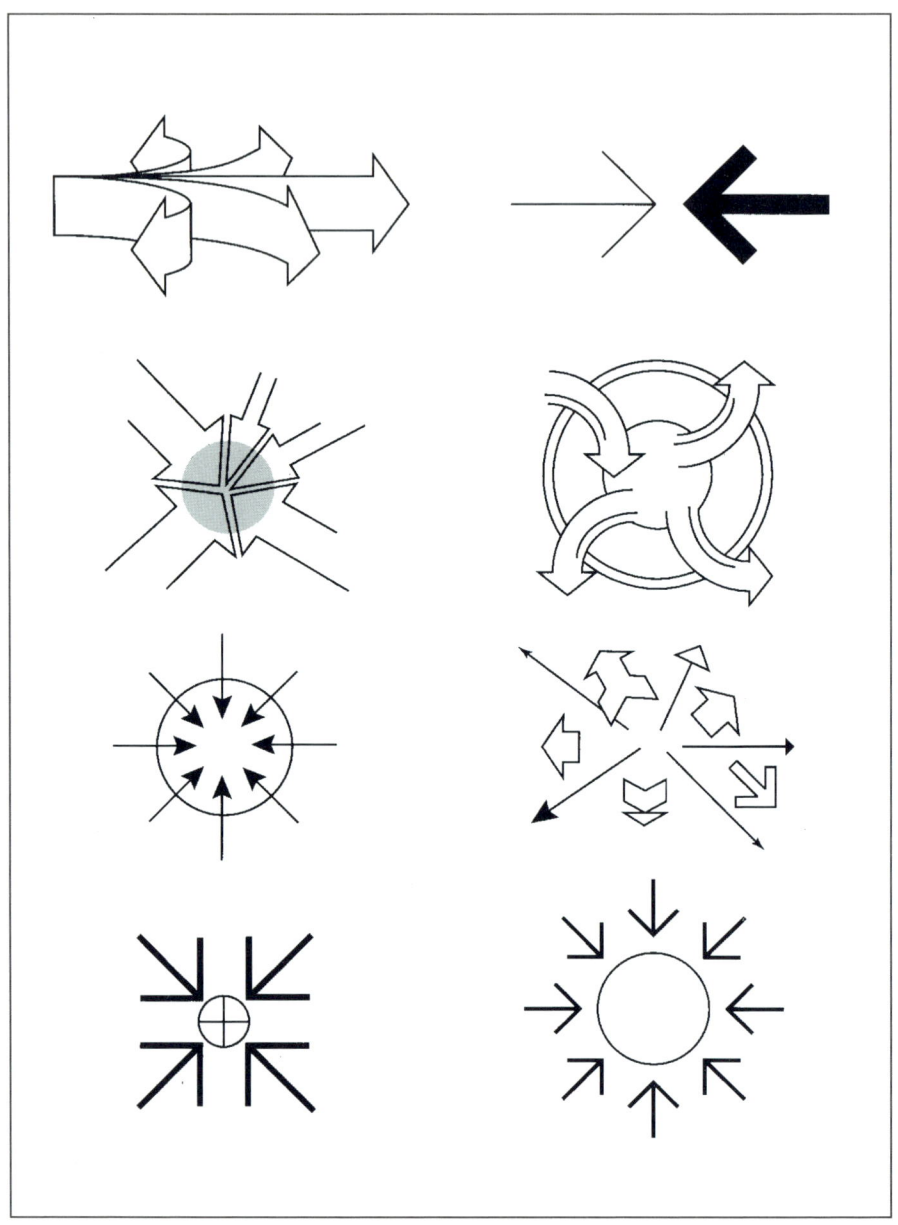

압력작용

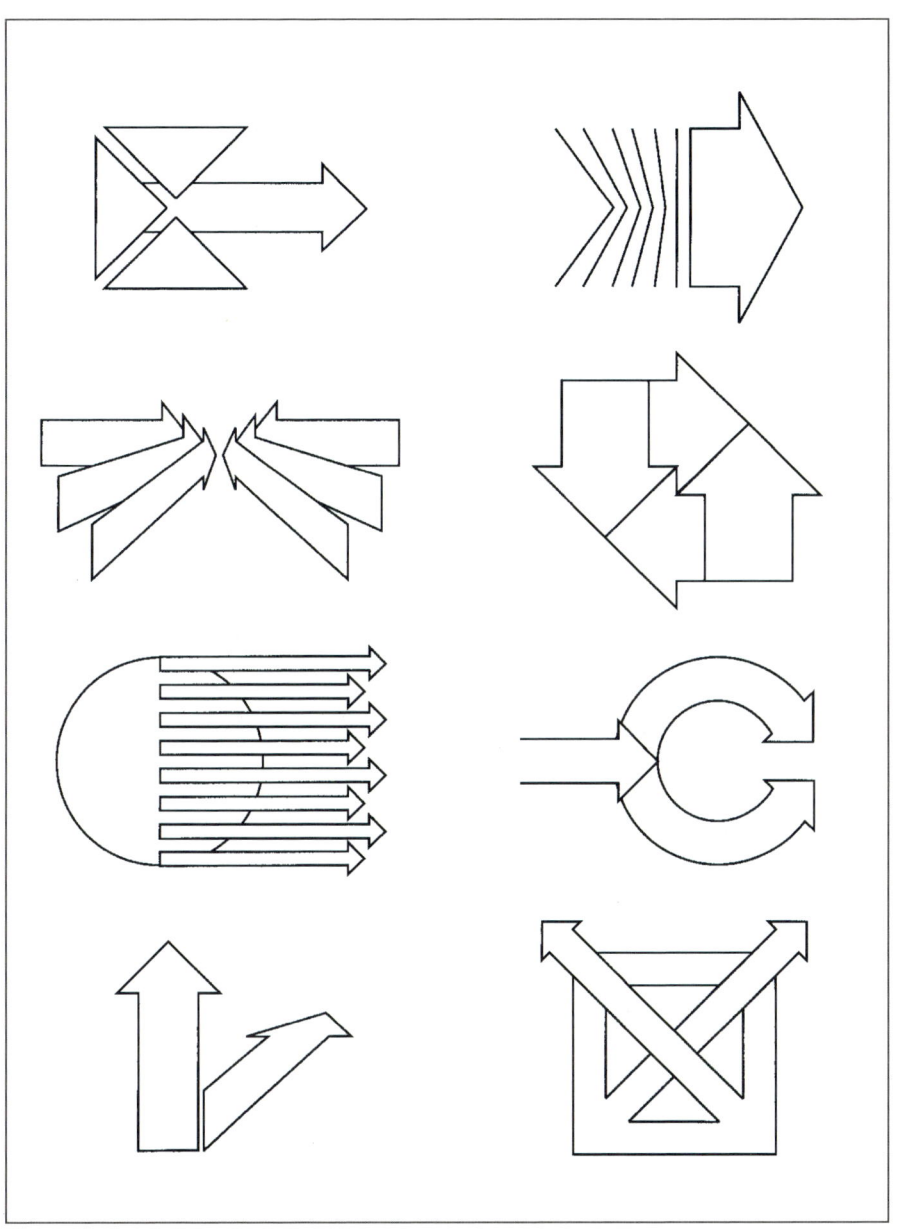

압력작용

압력작용

진로변화

진로변화

지렛대/균형

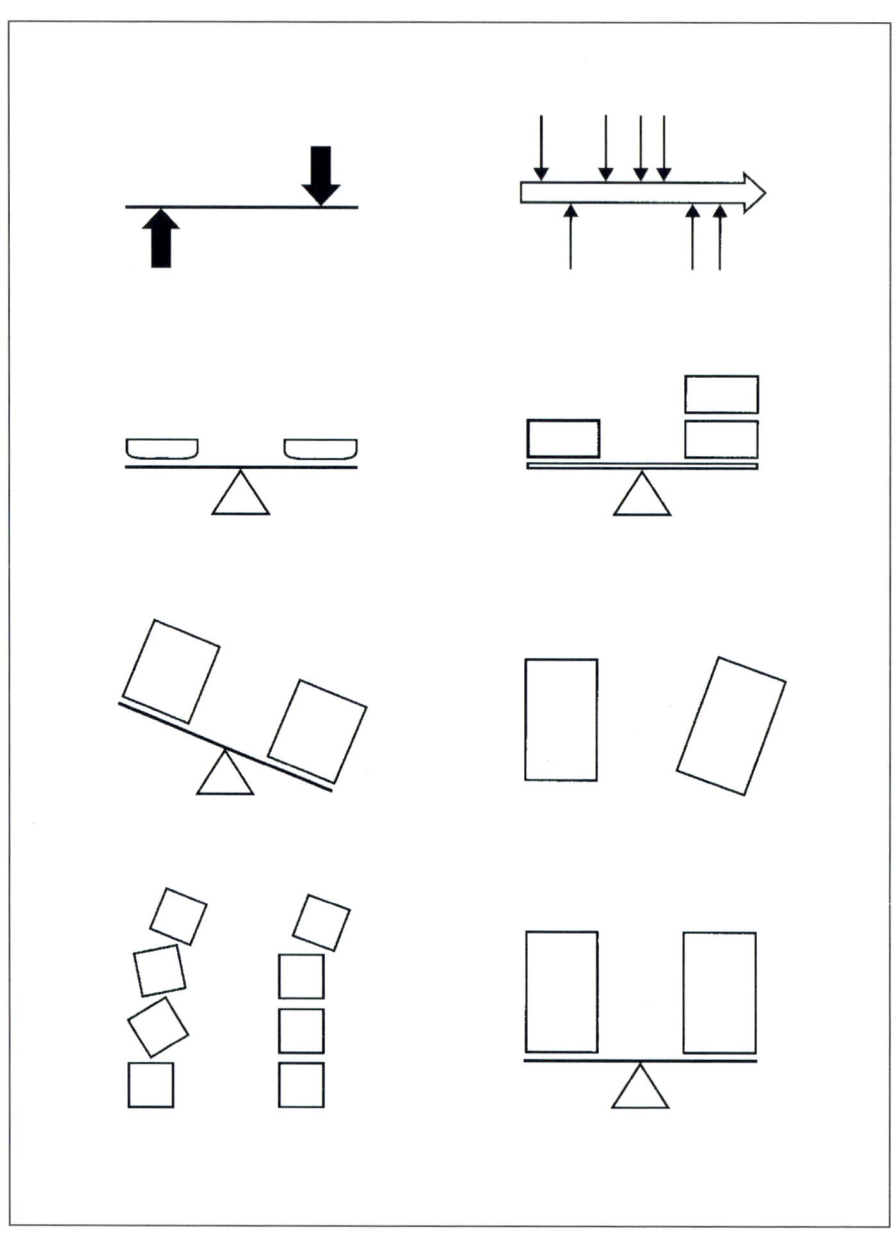

지렛대/균형

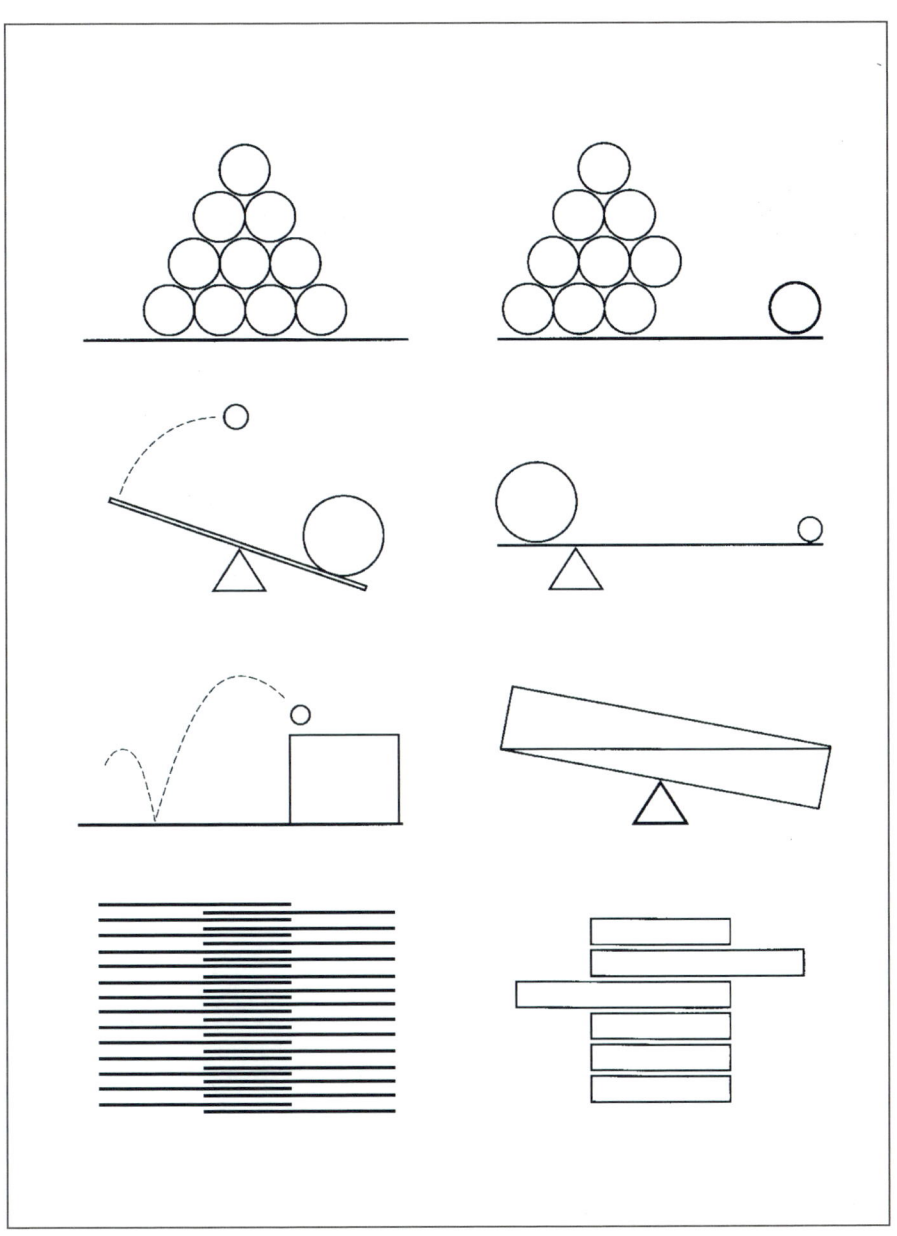

관통/장애물

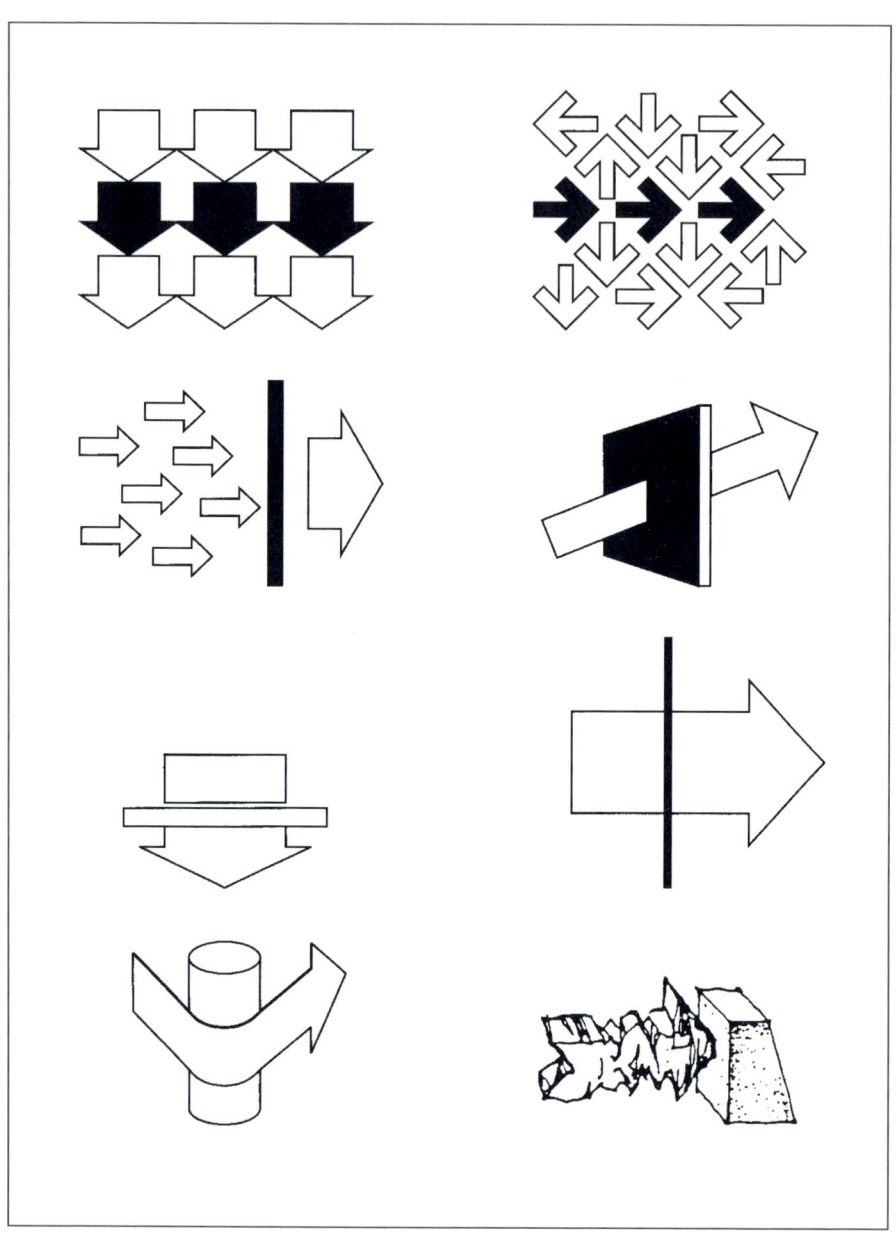

여과/차단

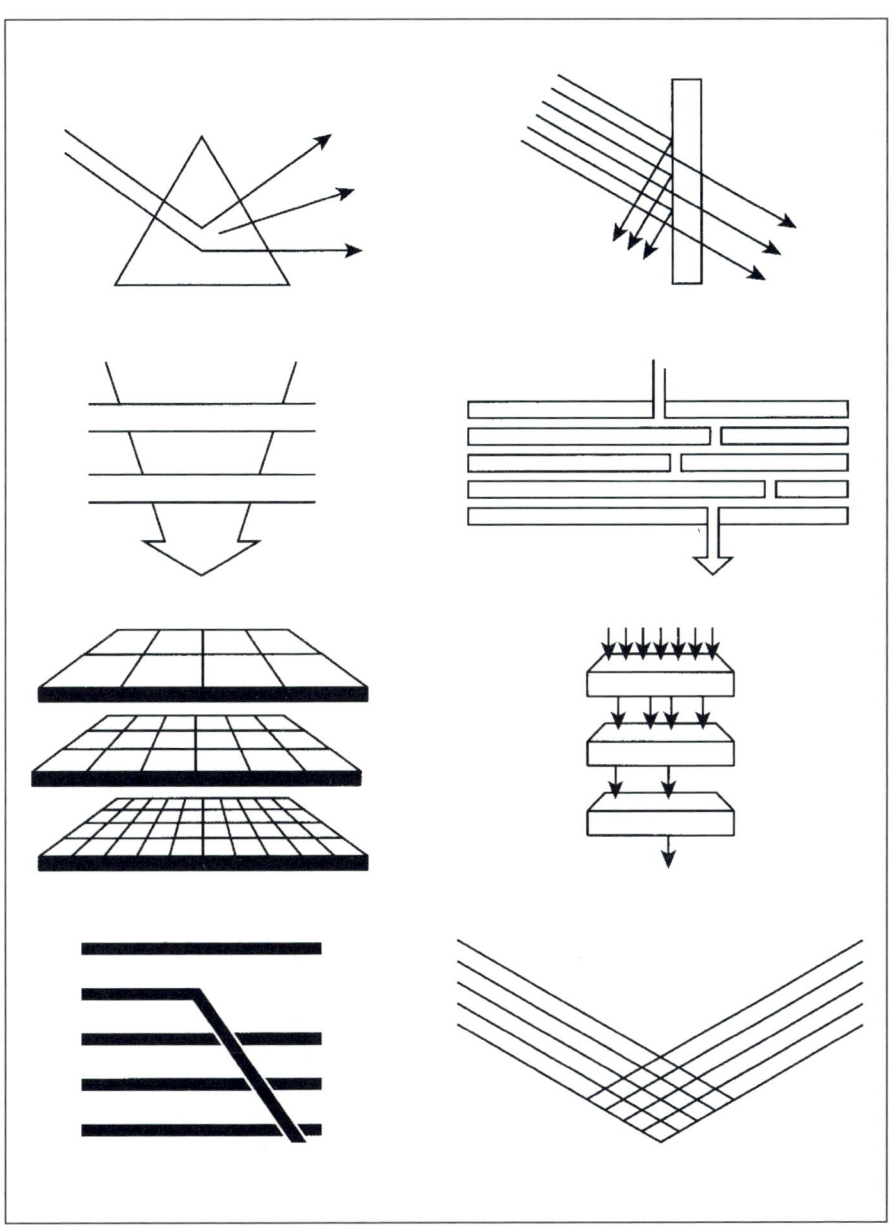

상호관계

상호관계

상호관계

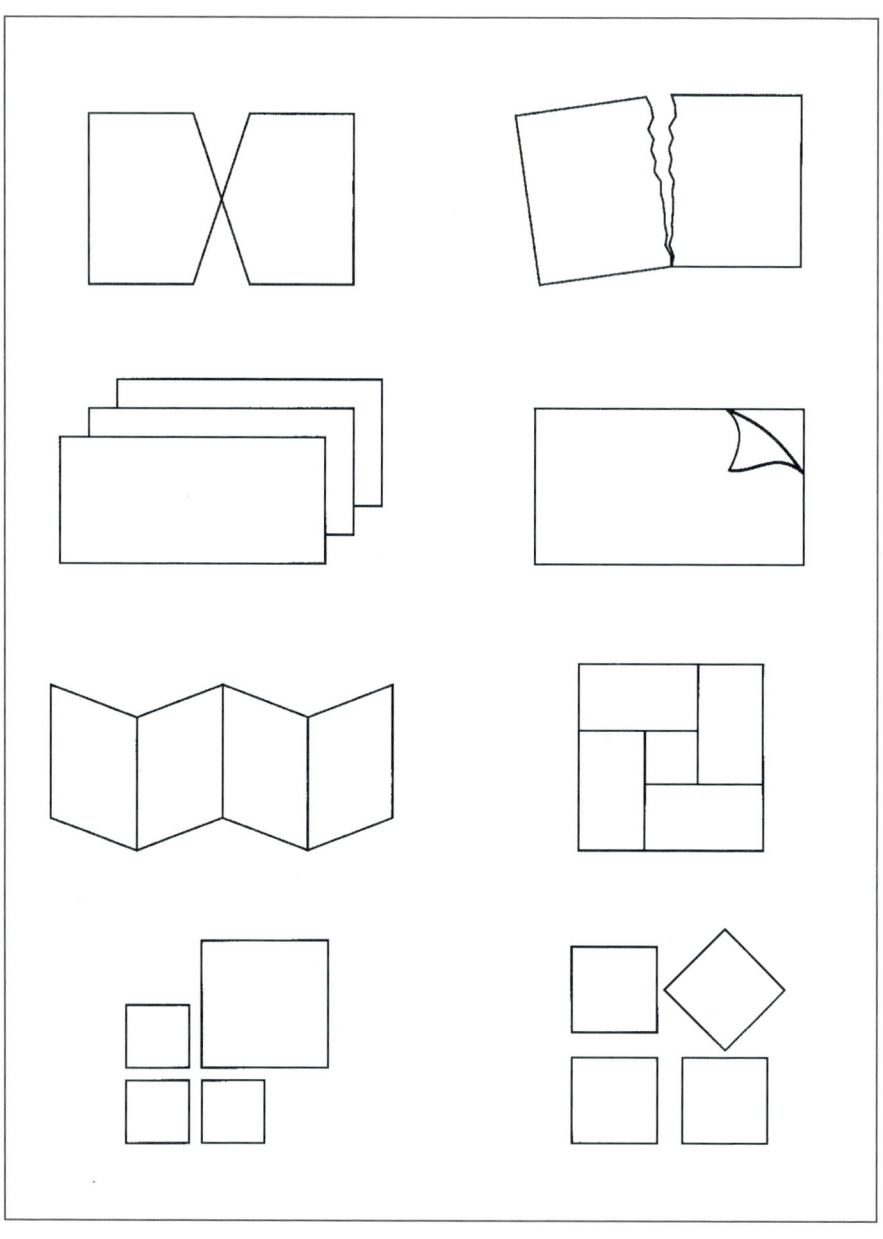

상호관계

과정

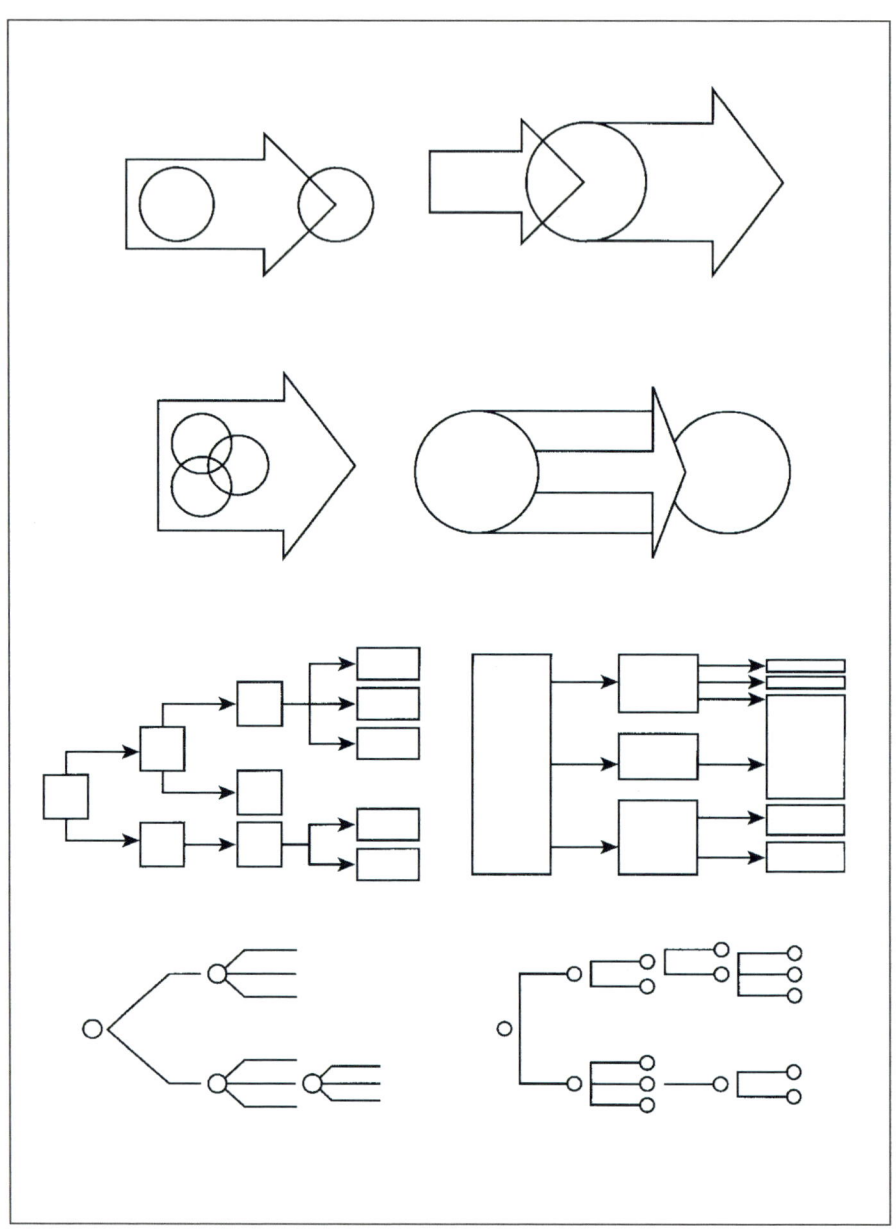

분할

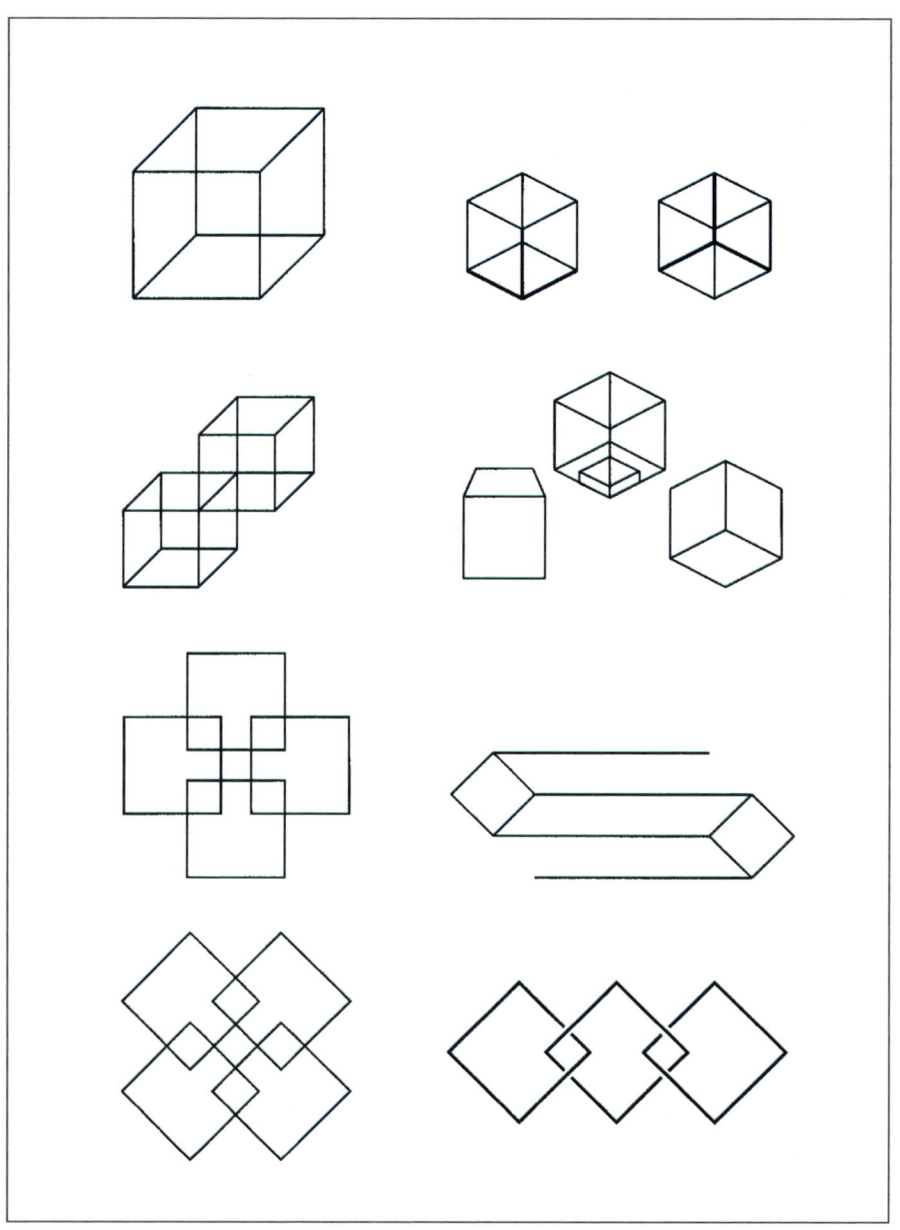

분할

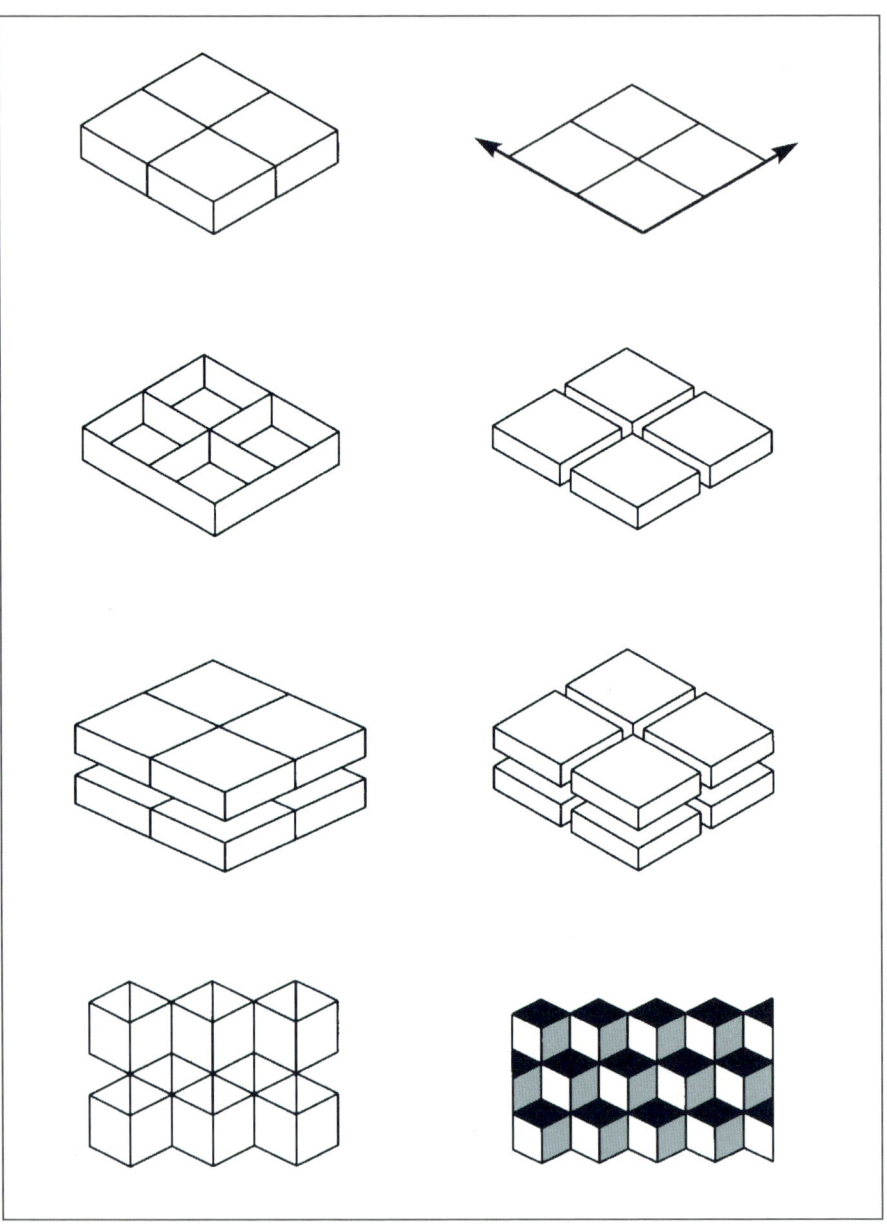

문제를
찾아가기 위한
해결책 2

상징적 비주얼

게임	단어
스포츠	물방울과 낙하
퍼즐과 미로	사무용품
착시	가고 오기
사다리와 계단	오고 가기
줄과 사물	먼 곳
문장부호	기타

게임

게임

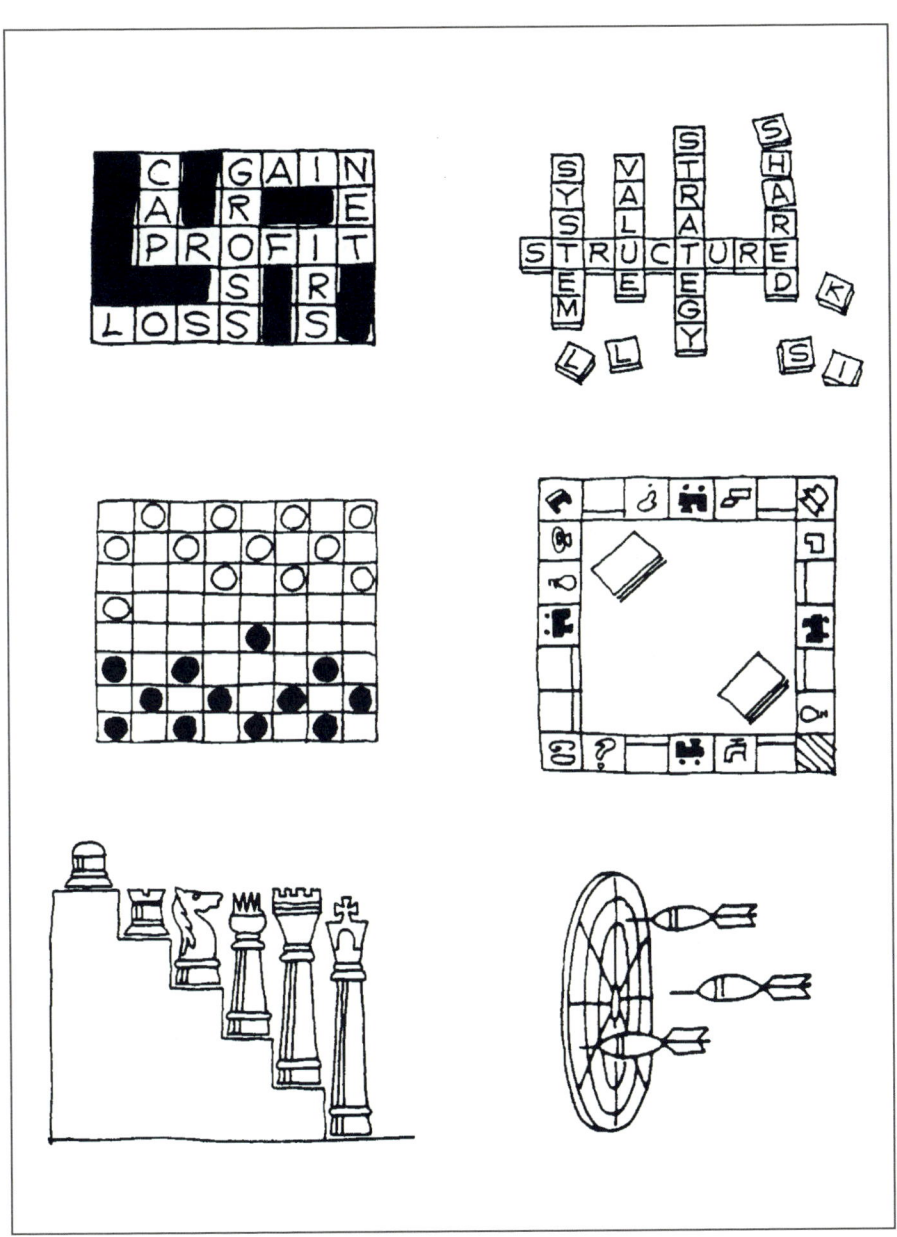

게임

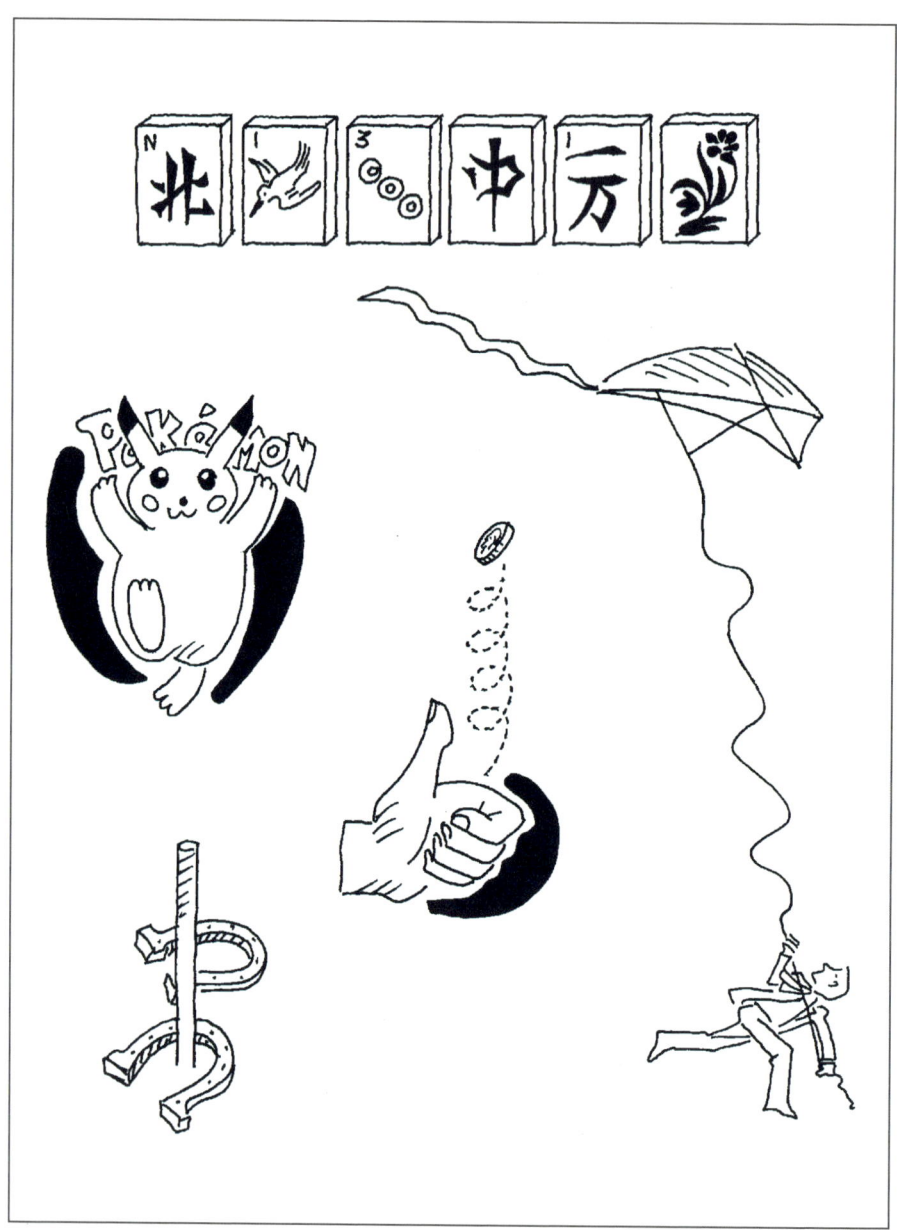

스포츠

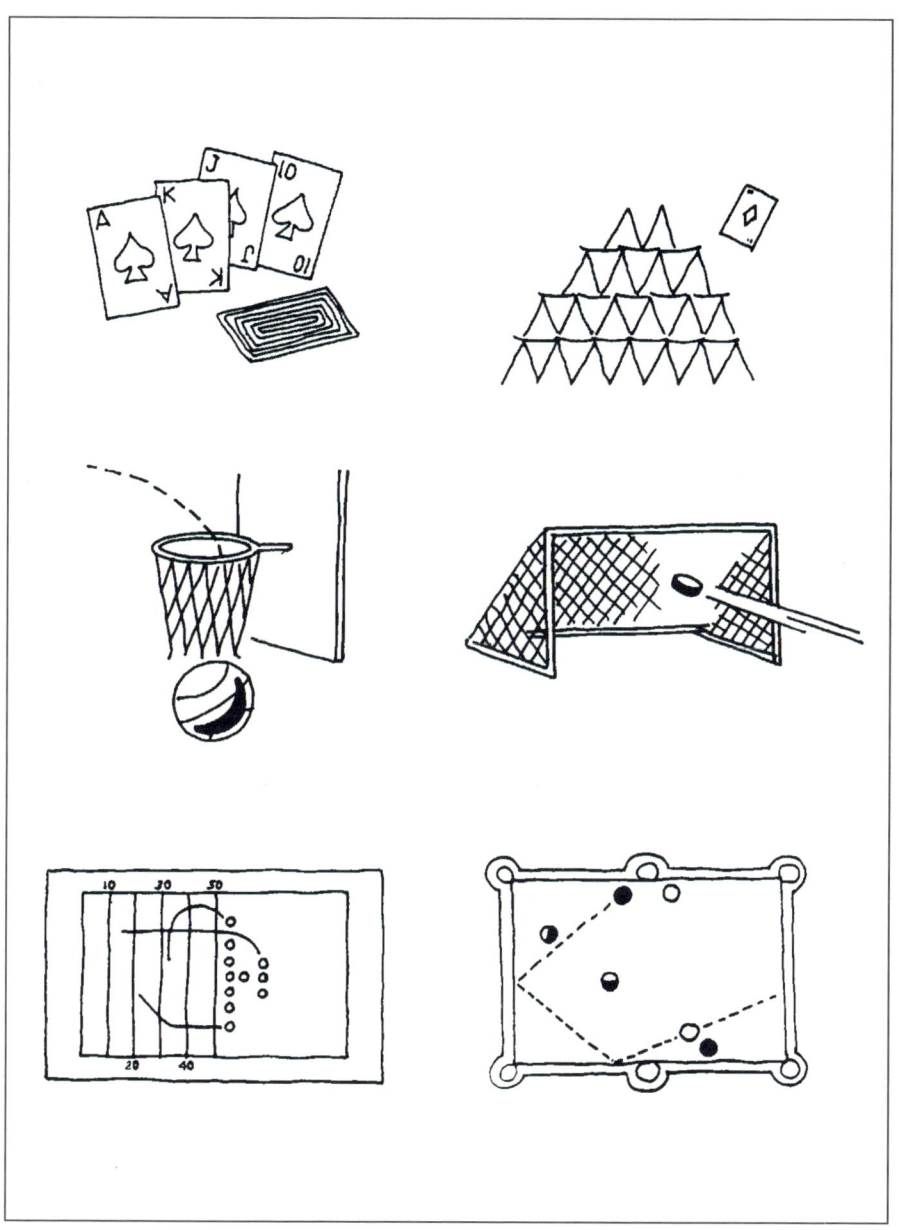

게임

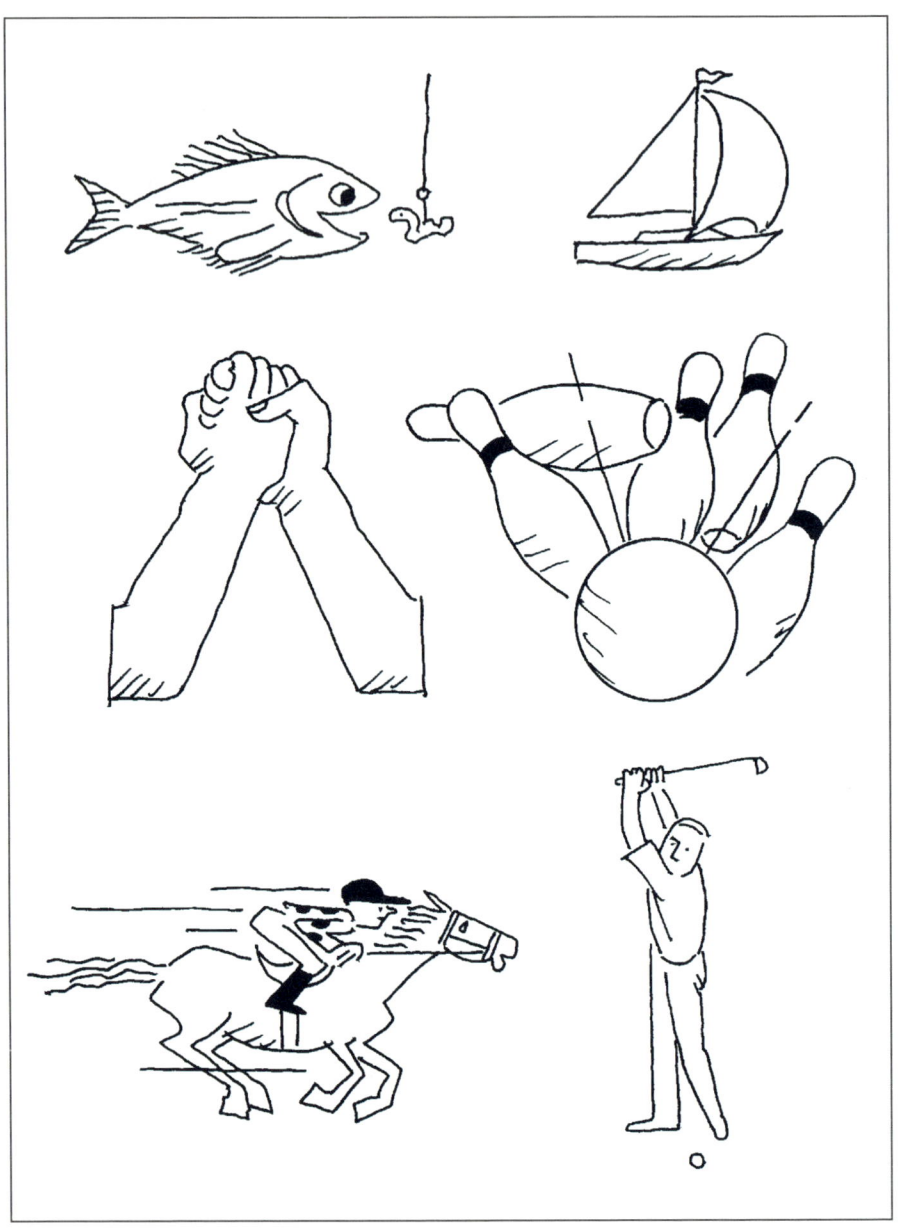

퍼즐과 미로

미로

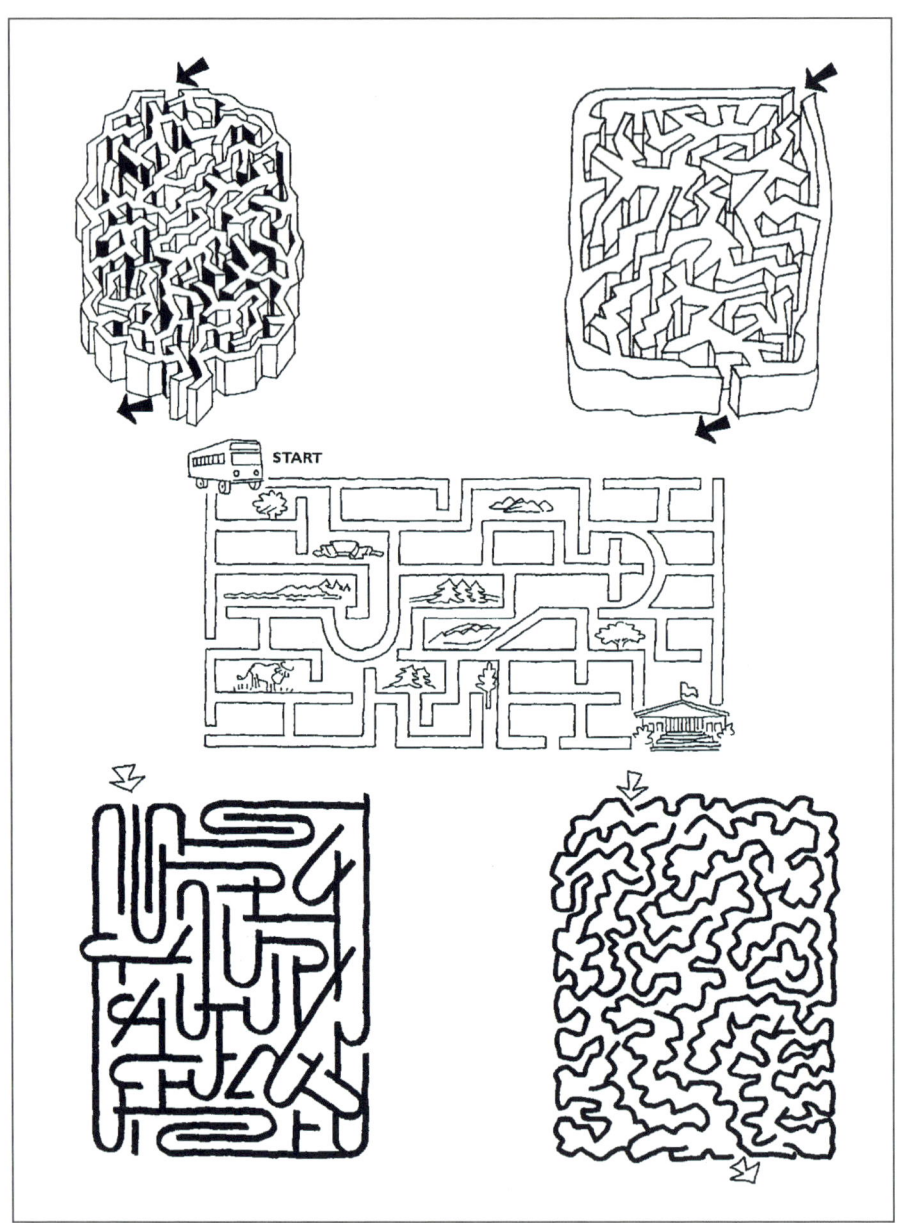

착시

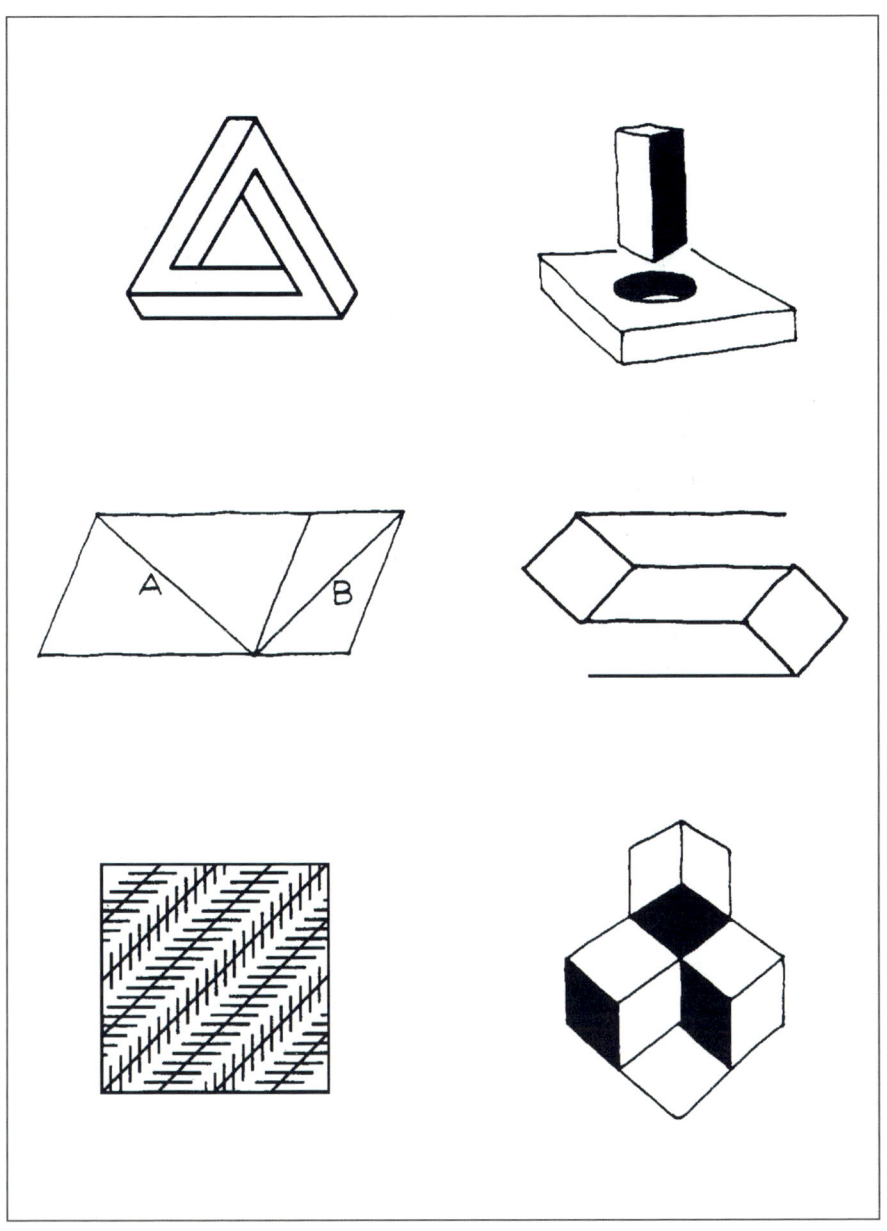

착시

사다리와 계단

줄과 사물

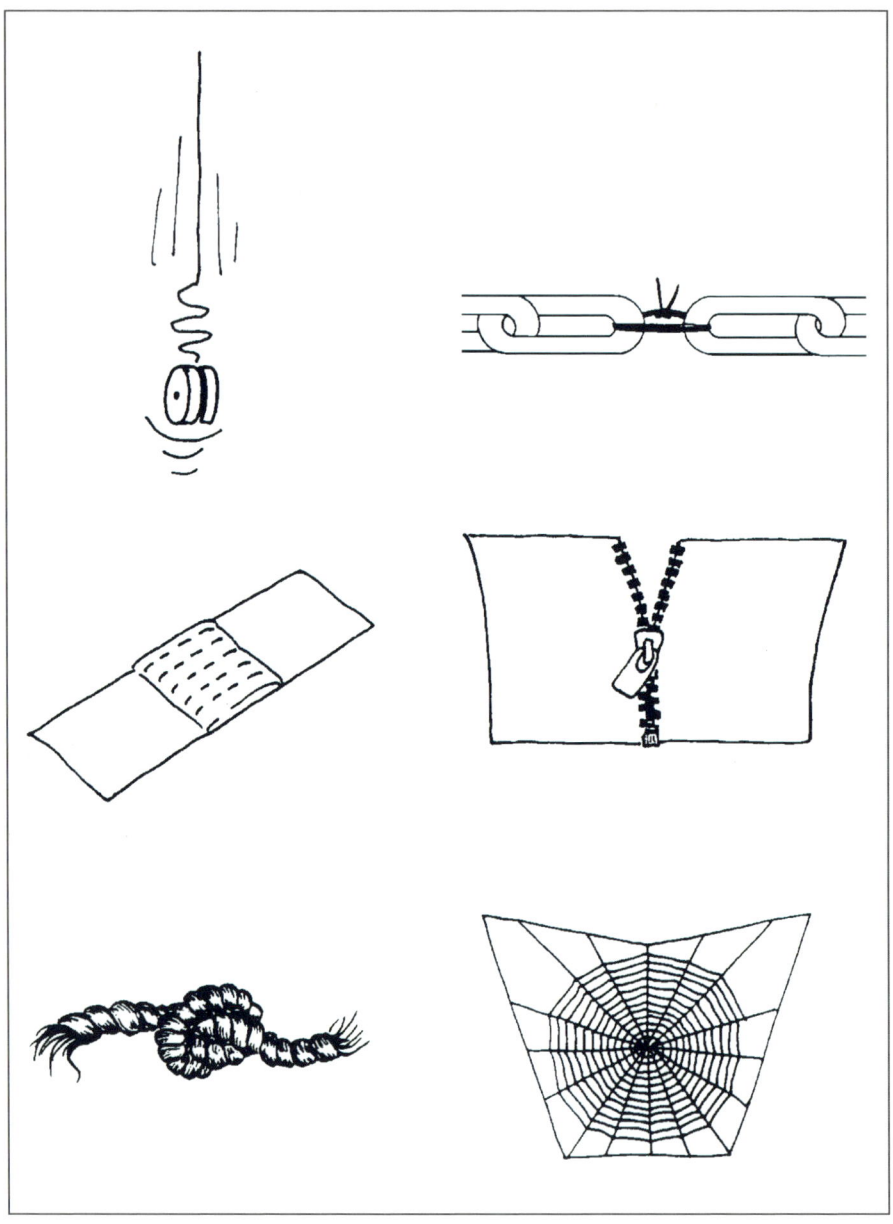

문장부호

단어

단어

물방울과 낙하

사무용품

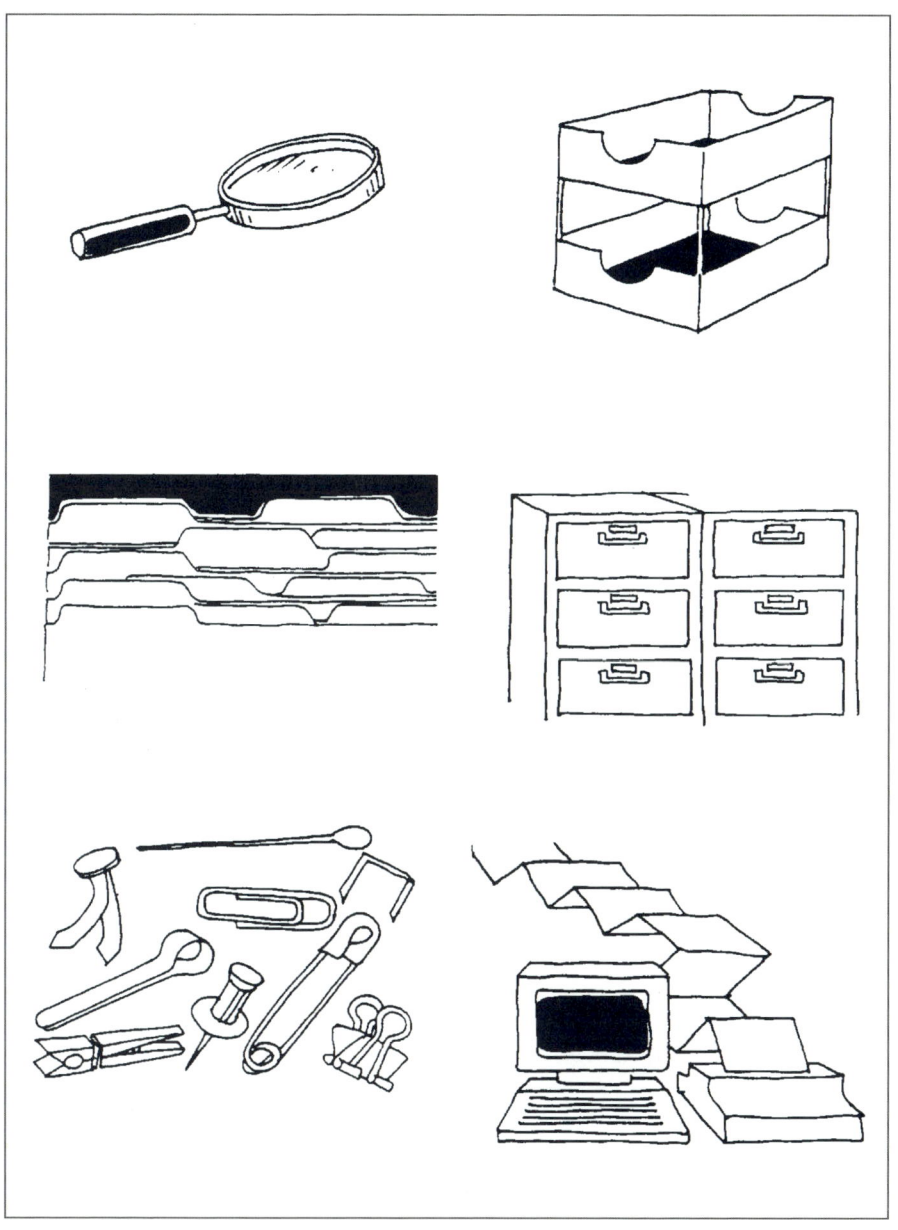

사무용품

가고 오기

오고 가기

먼 곳

기타

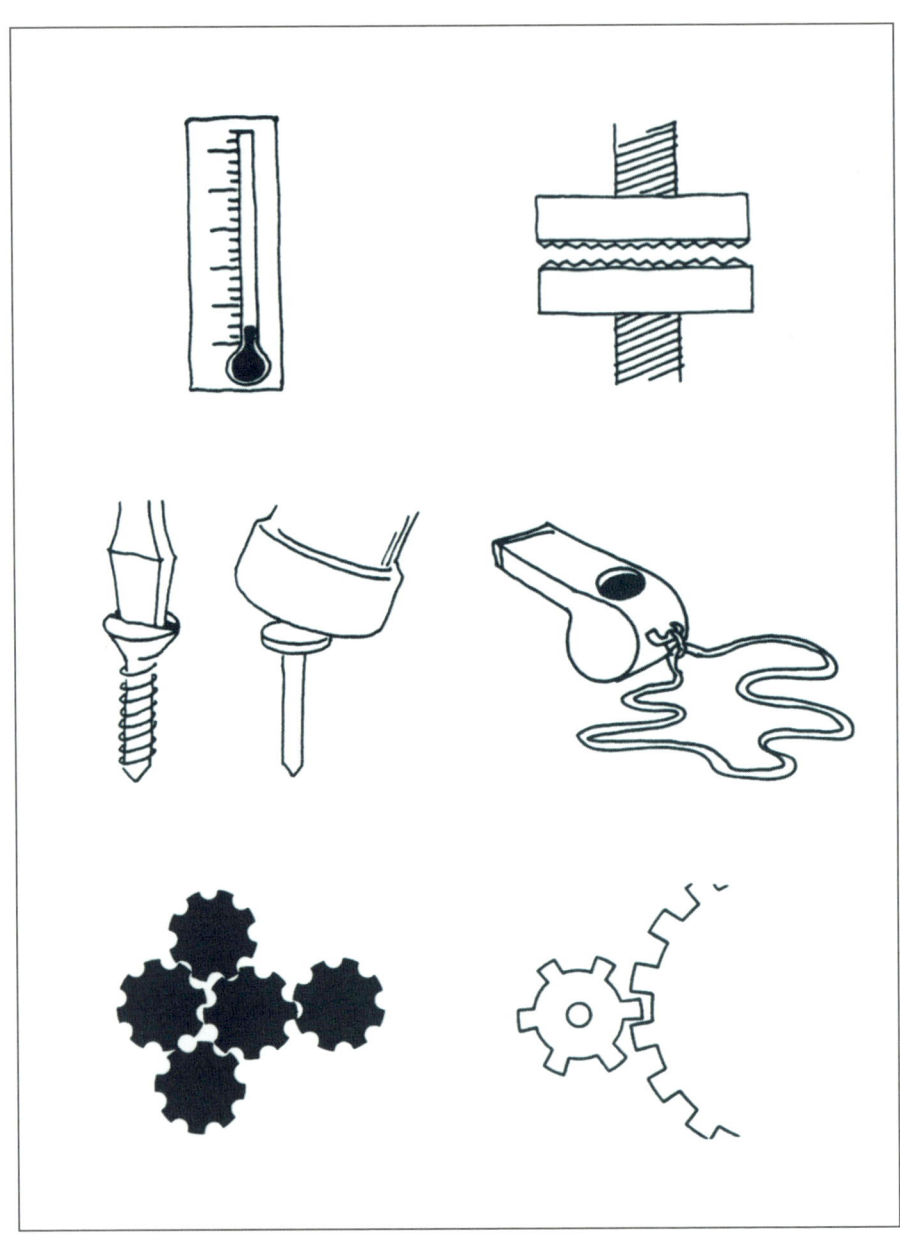

이 섹션에 공헌한 재능 있는 디자이너들에 대해

얀 화이트(Jan White)는 그래픽과 편집의 관계에 대해 세계적으로 강의하고 있는 커뮤니케이션 디자인 컨설턴트이다. 단련된 건축가로서 13년 동안 타임(Time) 사의 아트 디렉터를 지냈고, 1964년 그 자신의 출판 디자인 스튜디오를 열었다.

그는《디자인으로 편집하기(Editing By Design)》,《그래픽 아이디어 노트북(Graphic Idea Notebook)》,《전자 시대를 위한 그래픽 디자인(Graphic Design for the Electronic Age)》,《전자 시대를 위한 컬러(Color for the Electronic Age)》을 포함하여 비주얼 테크닉에 대해 다수의 책을 썼다. 최근작으로는《충격을 주는 컬러(Color for Impact)》가 있다.

베라 도이치(Vera Deutsch)는 우편물 라벨의 디자인부터 연간보고서 창작까지를 아우르는 기업 이미지 통합 프로그램뿐 아니라 출판물을 위한 그래픽 디자인으로도 잘 알려져 있다. 그녀는 이 책의 디자인을 위한 그래픽 컨설턴트이다.

댄 네빈스(Dan Nevins)는 프리랜서 만화가이다. 그는 미경영협회(American Management Association)의 스텝 아티스트였고 훗날〈뉴욕 데일리뉴스〉의 아트 디렉터로 일했다.

피터 바이샤르(Peter Weishar)는 14년 동안 디자이너, 만화영화 작가, 컴퓨터 아티스트로 일해왔다. 그는 현재 뉴욕대학교 TV영화학과 교수로서 애니메이션을 가르치고 있다. 또한 그는《디지털 공간 : 가상환경 설계하기(Digital Space : Designing Virtual Environments)》,《3D 프로 비디오 시리즈(3D Pro Video Series)》의 저자이기도 하다.

SECTION 4
맥킨지식 차트는 비주얼로 말한다

문제를 찾아가기 위한 해결책

맥킨지식 차트는 비주얼로 말한다

나는 얼마나 많은 기술이 우리의 삶을 변화시켜왔는지 경탄하지 않을 수가 없다. 예를 들어 오늘 우리의 차트를 어떻게 만들었는지 생각해보면, 노트북 컴퓨터를 사용하는 것은 정말 굉장한 일이다.

나는 이 차트를 흑백으로 10분 안에 만들 수 있다. 또는 채색을 하고… 오자를 수정해서… 날아오게 하기, 줌인, 점점 사라지게 하기 등의 애니메이션을 만들고… 스캔한 사진을 삽입하고… 음향 추가… 비디오 클립추가… 그것을 URL로 연결한 뒤 전 세계 동료들이 볼 수 있도록 전송… 그러고는 프로젝션을 이용해 회의실에 투사… 이 모든 것이 10분 안에 끝난다. 대단하지 않은가!

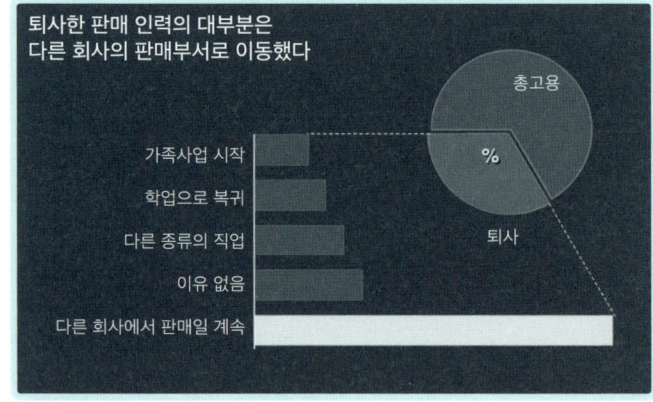

작업이 항상 이랬던 것은 아니다. 내가 비주얼 커뮤니케이션 일에 뛰어든 것은 1961년이다. 컴퓨터와 전자계산기, 복사기가 활성화되기 전이었다.

시각 자료 도안가가 설계 책상에 앉아 연한 파란색 연필, 삼각자, T자, 각도기, 컴퍼스, 타원형판, 공학용 자를 이용하여 차트의 선과 겨냥도를 그릴 것이다.

만약 절대적 값을 전체의 백분율로 변환해야 한다면 당신은 계산자를 사용할 것이다.

다음으로 차트는 타자수에게 간다. 당시 타자기는 11포인트보다 크지 않은 몇 개의 글자체를 갖고 있었다.

이제 차트는 교정자에게 넘겨지고, 교정자는 오자를 찾아낸다.

그런 다음 '도려내기'라고 알려진 과정을 거쳐 수정한다. '도려내기'가 무엇인지는 묻지 말라. 도안가가 차트를 다시 받아 제도용 펜과 잉크를 사용하여 푸른 선 위에 덧그린다. 그러고 나면 누군가가 집어톤(Zip-a-tone)이라는, 상업용으로 이용 가능했던 접착식 흑백 패턴지를 사용하여 음영을 넣는다.

만약 차트를 프레젠테이션에서 사용하려면, 차트를 전날 밤 미리 보내 직접 포토스탯, OHP 필름 또는 35mm 슬라이드로 확대해야 한다.

이 모든 과정에 얼마나 많은 시간이 걸렸는지는 당신의 상상에 맡기겠다. 분명한 것은 10분보다는 더 걸렸다는 사실이다.

기술은 시간을 절약해주었을 뿐 아니라, 과거에는 절대로 불가능했던 수준의 정밀함을 가능케 했다. 또한 이와 함께 우리는 새로운 디자인에 도전하게 되었다. 성공적인 프레젠테이션을 위해 비주얼을 어떻게 디자인하는지, 이것이 이 섹션에서 다루는 바가 된다.

이 섹션에서 우리는 이 같은 기술로 창출된 가능성의 범위를 보게 된다. 인쇄된 페이지로 나타낼 수 있는 것이 제한적이지만, 이 같은 응용의 진보를 따를 때 무엇을 할 수 있는지 깨닫게 될 것이다. 각 응용은 당신의 프레젠테이션을 보다 정교한 수준으로 끌어올릴 것이다.

기본적인 스크린 위의 채색 비주얼로 시작하면서 애니메이션을 추가하라. 형태나 대상을 줌인 또는 줌아웃하거나, 위로 와이프(wipe, 화면을 한쪽에서 지우면서 다음 화면을 나타내는 기법-옮긴이)하거나 아래로 와이프 또는 디졸브(dissolve, 화면을 오버랩하는 기법-옮긴이)함으로써 당신은 비주얼에 움직임과 방향을 더할 수 있다. 이런 종류의 애니메이션을 사용하면 과정에 따른 상품의 움직임, 조직도에서 책임의 흐름, 제시한 할인폭과 이에 대응하는 판매 단위량 사이의 상관관계 부족 등을 나타낼 수 있다.

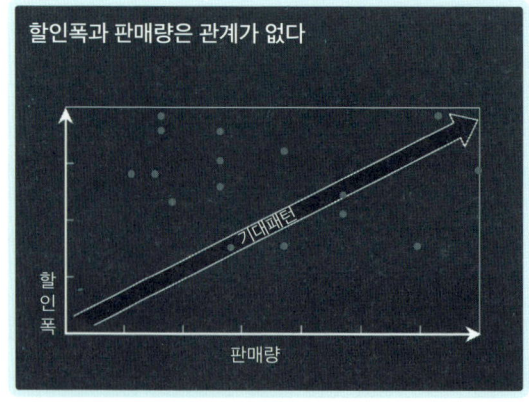

세로축과 가로축을 와이프하라.
기대패턴을 날아오게 하라.
거래를 나타내고 있는 점들을 줌인하라.

스캔한 이미지를 더하라. 상업적으로 이용이 허가된 제품 또는 인물의 컬러 사진을 스캔해서 비주얼에 삽입하는 것은 쉬운 일이다. 또한 디지털 카메라를 이용하여 원하는 사진을 찍어 카메라로 옮긴 후 필요한 경우에는 그것을 수정한다.

음향을 더하라. 당신이 보여주고 있는 그림에 사실성을 더하기 위해 전화벨 소리나 자동차 경적 소리를 삽입하면 어떨까? 분위기를 조성하기 위해 음악을 듣거나 판매원들의 말을 인용하여 판매촉진용 상품의 필요성을 들어보는 것은 어떨까?

비디오를 더하라. 생산라인에서 정체가 일어나는 부분, 판매를 위해 판매원들이 사용하는 다른 접근방법들 등의 당신이 묘사하고 있는 장면을 비디오 클립으로 삽입하면 어떨까?

링크를 더하라. URL을 클릭할 수 있게 만들어서 제품을 그것의 생산 출처로 링크하자. 생산자의 웹 사이트에 공시된 세부사항을 배울 수 있다. 대안 시나리오에 대해 즉석에서 예측할 수 있게 해주는 소프트웨어 프로그램으로 링크하자.

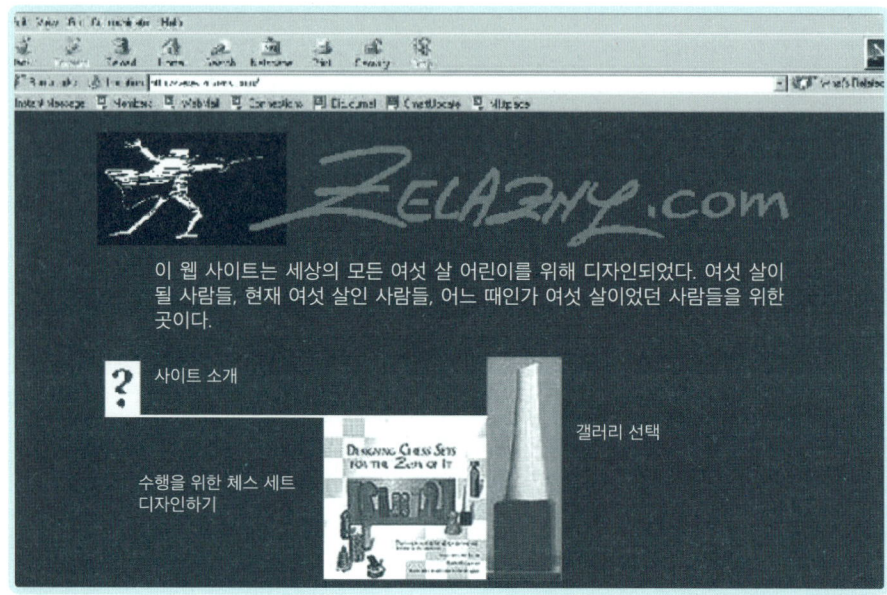

모두 통틀어 당신의 프레젠테이션이 성공하는 데 크게 공헌할 수 있는 인상적인 기술들이다.

모든 신기술과 마찬가지로 여기에는 깨달아야 할 장단점들이 있다.

스크린 위에서 하는 프레젠테이션의 중요한 이점 가운데 하나는 프레젠테이션 도중이나 회의 사이사이에 비주얼에 변화를 줄 수 있다는 점이다. 이렇게 하면 때에 따라 알맞은 내용을 더할 수 있고, '만약'이라는 시나리오를 만들 수 있다.

이들 프레젠테이션은 내용 안에서 비선형적으로 갈라지는 것이 가능하기 때문에 하나의 프레젠테이션을 다양한 방법으로 다양한 청중들에게 보여주는 것이 가능하다. 약간의 노력만 하면 쉽게 받아들일 청중을 상대할 때에는 추천안으로 시작하되, 쉽게 받아들이지 않을 청중에 대해서는 추천안을 프레젠테이션의 마지막까지 보류할 수 있다.

확실히 비디오, 음향, 애니메이션, 특수효과를 혼합하면 보다 마음을 끄는 커뮤니케이션이 만들어져 더 오래 기억에 남게 할 수 있다.

한편 장비 준비가 결코 간단하지 않다는 단점이 있다. 가령 OHP처럼 전선 하나를 콘센트에 꽂기만 하면 끝나는 것이 아니다. 노트북 컴퓨터를 LCD 프로젝터에 연결, 양쪽 모두를 전원에 연결, 장비를 바른 순서로 작동, 이미지를 노트북 컴퓨터에서 프로젝터에 복제 등 그 과정은 인내심을 크게 시험한다.

노련하게 다루지 않는다면 비주얼이 변화 없이 이어지는 경우 비즈니스 프레젠테이션에서 매우 중요한 상호작용이 제한될 수 있다. 이런 현상은 초점이 발표자인 당신이 아니라 스크린 위의 비주얼에 있기 때문에 발생한다.

청중에 따라서는 애니메이션의 사용, 디졸브, 와이프, 화살표 날리기 등을 겉만 번드르한 것으로 느낄 수도 있다. 그렇게 되면 당신이 메시지를 끌어내는 데 들여야 할 시간을 비주얼 꾸미는 데 더 많이 사용하고 있다는 인상, 즉 내용보다 형태에 더 가치를 두고 있다는 인상을 주게 된다.

이처럼 스크린 프레젠테이션에는 장점과 단점이 공존한다. 그러나 장점을 무시할 수 없다. 그래서 비주얼에 관한 나의 노하우를 알려줄 테니 잘 읽어보도록 하자.

읽기 쉽도록 만들어라

비주얼의 글자가 너무 크다고 불평하는 관중은 절대 없을 것이다. 모두들 글자가 너무 작다고 불평할 것이 분명하다.

아래 표는 너비 1.8m, 2.4m, 3.7m 스크린에서 다양한 활자 크기를 편안하게 읽을 수 있으려면 스크린에서 얼마나 멀리까지 떨어져 앉을 수 있는가를 나타낸다(LCD 프로젝트의 밝기, 방의 어두운 정도에 따라 만들어지는 콘트라스트, 프로젝터와 스크린 사이의 거리에 따른 이미지 농도의 차이 때문에, 읽기 쉬운 정도에 5~10% 편차가 있음을 양해하기 바란다).

스크린으로부터의 최대 거리

활자 크기	스크린 너비		
	1.8m	2.4m	3.7m
16pt	4.6m	5.5m	6m
18pt	7	7.6	8
20pt	9	10.5	14
22pt	10.5	12	15
24pt	14	15	18
30pt	15	18	21
32pt	19	21	24

읽기 쉬운 정도를 개선하기 위해 밟아야 할 단순명료한 단계들이 있다. 예를 들어보자.

- 수치를 반올림하거나, 소수점 이하가 당신의 메시지에서 중요하지 않은 경우 생략하자. 정확한 숫자는 언제든지 말로 전달할 수 있다.
- 가로막대의 끝이나 세로막대의 구성요소 안에 숫자를 표시하는 대신 차트에 눈금을 이용하자.
- 단어를 기호로 대체하자. $ 표시가 '달러'보다 낫고, %표시가 '퍼센트'보다 낫다.
- 혼동을 일으키지 않는 한, 가능한 곳에서는 단축형을 써라.
- 10단어를 4단어로, 4단어를 3단어로, 3단어를 2단어로 생략하자.
- 각주를 삭제하되, 그것이 중요한 경우에는 말 속에 그 정보를 포함하자.
- 출처를 생략하고 나눠주는 유인물에만 표시하자.

앞의 표와 위 제안들이 이따금 도움이 될지 모르지만, 차트가 단순한 방법으로 해결되지 않을 때 무엇을 해야 할지 알려줄 만큼 충분하지 않다.

그래서 다음은 읽기 쉬운 정도의 문제를 나타내는 특정한 예와 함께 그것들을 읽기 쉽게 만들기 위해 내가 추천하는 것들을 실었다. 아마도 이 예들이 당신이 어려워하고 있는 차트에 대해서 유사한 생각을 하도록 방아쇠를 당길 것이다.

클수록 좋다

아래 차트는 그것을 구상했던 방법대로 정보를 나타내고 있다. 명백히 이는 어떤 스크린 크기에서도 읽기 어려울 것이다. 데이터가 없는 열을 삭제하거나, 차트를 수평으로 이등분해서 한쪽 반을 다른 쪽 반 위에 쌓는 것은 보다 알기 쉬운 방법이 된다.

전통적 물질의 최종 산물 시장

%

물질	시장											
	항공/우주	여가/소비	자동차/교통	공업/기계	전기/전자	석유화학	건설/건물	연관공업	포장	접착제	가구	기타	합계
PVC	--	4	3	--	8	--	64	--	10	2	6	3	100%
PP	--	15	7	--	8	--	--	--	22	--	24	24	100%
HDPE	--	10	5	4	4	--	10	--	52	--	3	12	100%

이 경우 해결방법은 간단하다. 축을 맞바꿔 배치를 변화시켜라. 배치 공간을 균형 있게 채우면서 훨씬 더 큰 활자 크기를 사용할 수 있다.

전통적 물질의 최종 산물 시장

시장	PVC	PP	HDPE
항공/우주	—	—	—
여가/소비	4%	15%	10%
자동차/교통	3	7	5
공업/기계	—	—	4
전기/전자	8	8	4
석유화학	—	—	—
건설/건물	64	—	10
연관공업	—	—	—
포장	10	22	52
접착제	2	—	—
가구	6	24	3
기타	3	24	12
합계	100%	100%	100%

단순할수록 좋다

아래 차트는 PVC가 비용이 가장 낮은 폴리머(화학중합체-옮긴이)라는 사실을 뒷받침하는 문서자료에 사용되었다.

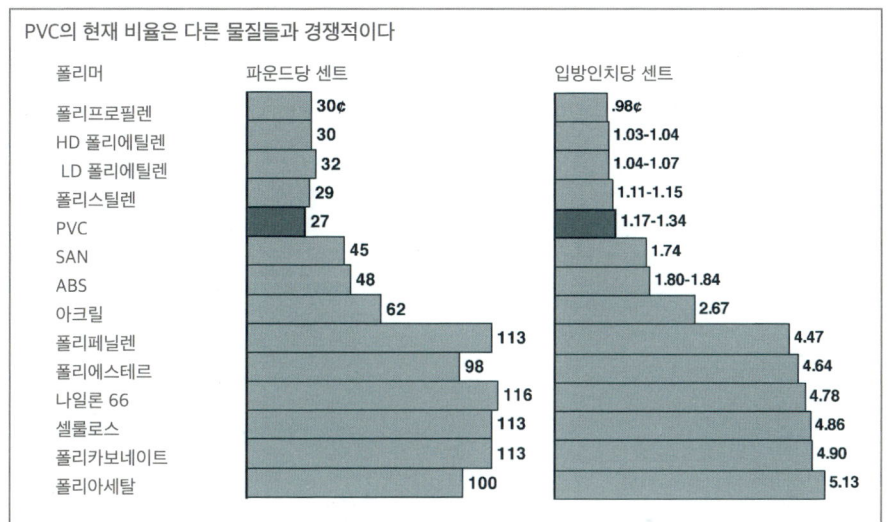

이것을 스크린상의 비주얼로 만들기 위해서 내용이 극도로 단순화될 수 있다. 예를 들어보자.

- 동일한 메시지를 뒷받침하기 위해 비용은 파운드당 센트와 입방인치당 센트라는 두 기준이 필요한가? 아니다. 파운드당 센트면 된다.
- 모든 가로막대의 끝에 데이터를 표시해야 하는가? 아니다. 관계를 나타내는 데 눈금이면 충분하다.
- 이것은 항목 비교유형이기 때문에 막대들의 순서를 변경해야 하는가? PVC의 위치를 더 잘 나타내기 위해 내림차순으로 막대들을 정렬해야 하는가? 그렇다.

나의 제안을 모두 반영하면, PVC의 비용이 다른 모든 폴리머보다 낮다는 메시지에 관심을 집중시키는 단순화되고 보다 읽기 쉬운 아래 비주얼이 만들어진다.

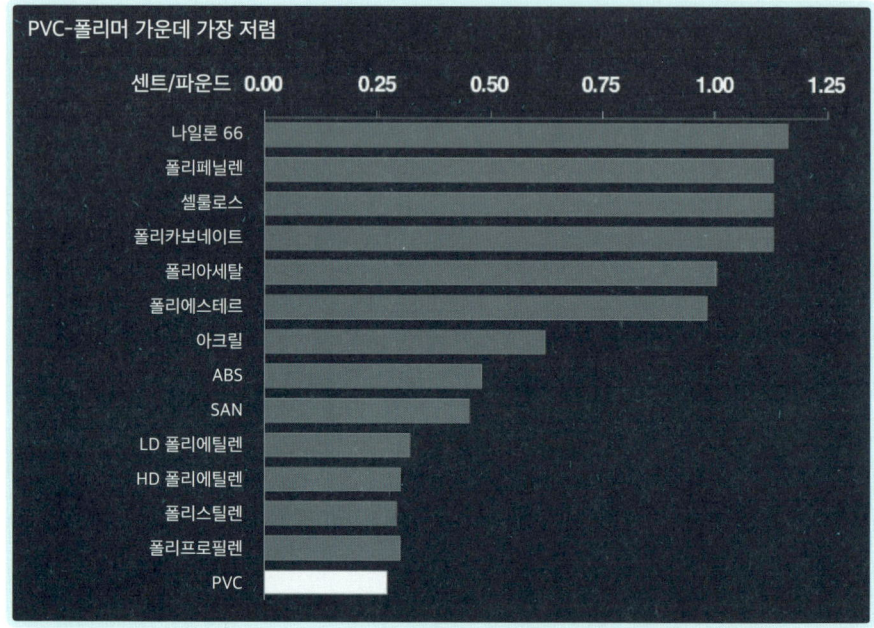

많을수록 좋다

다음 예제들에 대한 해결책을 음미하기 위해 우리는 전자 백서를 찾아 다음 메시지를 100번 써야 한다.

> 한 슬라이드로 5가지 개념을 제시하는 것과 5개의 각 슬라이드로 하나의 개념을 제시하는 데는 정확히 같은 정도의 시간이 소요된다.
> 한 슬라이드로 5가지 개념을 제시하는 것과 5개의 각 슬라이드로 하나의 개념을 제시하는 데는 정확히 같은 정도의 시간이 소요된다.
> 한 슬라이드로 5가지 개념을 제시하는 것과 5개의 각 슬라이드로 하나의 개념을 제시하는 데는 정확히 같은 정도의 시간이 소요된다.

이 차트는 정보가 종이 위에서 어떻게 갈무리되었는지 보여주고 있다. 당신이 볼 수 있듯이 두 경쟁사가 그들 각각의 사업조직을 구성하는 다른 요소들에 대해 어떻게 접근하는지를 비교한다.

지구 이동 장비를 위한 사업구조

사업 구조 요소	기술	제품 디자인	생산	판매/마케팅	유통	서비스
A사	자사기술	장비를 만들어내기 위한 CAT가 최고의 공급자와 일하고 있기 때문에 제한적 투자기술	조립 과정에서 CAT와 도급계약	대규모 투자/넓은 시장에서 판매/경쟁적 가격 설정	광범위한 딜러 네트워크	신속한 수리
B사	자사기술	회사 자신의 장비를 설계하기 위해 공학에 많은 투자	장비부문의 비중을 크게 유지하기 위해 수직적으로 통합	제한적 투자/자본이 밀집한 구획에서 판매/경쟁적 가격설정	제한적 딜러 네트워크	낮은 장비 고장 빈도

대규모 청중을 위한 스크린 프레젠테이션을 위해 우리는 6개의 읽기 쉬운 슬라이드를 사용해, 각 슬라이드마다 사업조직의 구성요소 중 하나에 대한 경쟁사들의 접근방법을 비교했다.

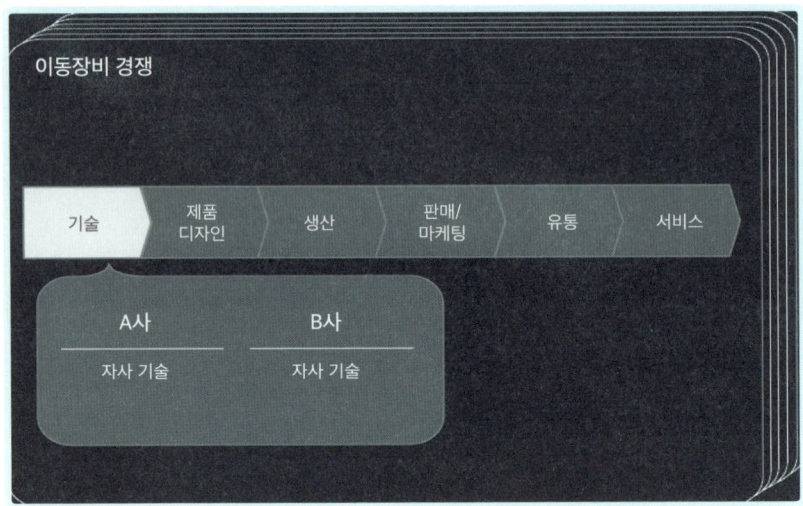

이 접근법의 부가적 이점은 청중들이 한 번에 한 개념씩, 그것이 제시될 때 해당 개념에 집중하게 된다는 점이다. 누군가가 당신이 논의하고 있는 비주얼 측면 외에 다른 측면에 관심을 집중할 위험이 없다.

다를수록 좋다

때때로 상세한 차트를 여러 비주얼로 쪼개는 것은 읽기 쉽게 만들기 위한 답이 아니다. 줄거리를 단순화하면 하나의 읽기 쉬운 슬라이드를 만들 수 있다.

아래 항목 비교유형 시리즈들은 터커호(Tuckahoe) 공장이 4개 제품 가운데 3개 제품의 생산에서 변동비용을 매우 낮게 유지하고 있음을 나타내고 있다. HFCS-42와 HFCS-55에서는 두 번째로 낮은 비용을 기록하고 있다. 진주 전분(pearl starch)의 경우 4위를 기록하고 있지만 최저 비용 공장과의 비용 격차는 얼마 되지 않는다. 그러나 옥수수 시럽(corn syrup)에 대해서는 7위라는 순위와 꽤 큰 비용 격차가 합해져 비용절감 기회를 모색할 필요가 있음을 나타내고 있다.

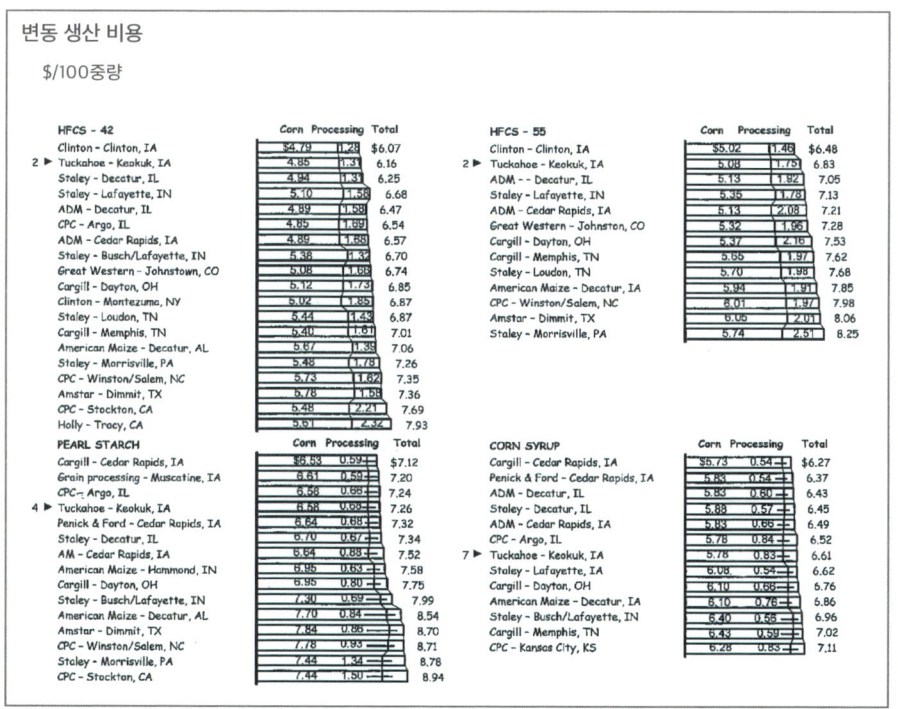

시각적 프레젠테이션을 위한 가장 명료한 해결책은 각 제품에 대해 개별 슬라이드를 사용하는 것으로 보인다. 합계만을 나타내서 각 비주얼을 단순화하고 가로막대 끝에 표기된 수치를 눈금으로 대체하자. 그러나 공장이 19개나 되기 때문에 공장 이름과 비용수치는 여전히 읽기 힘들다.

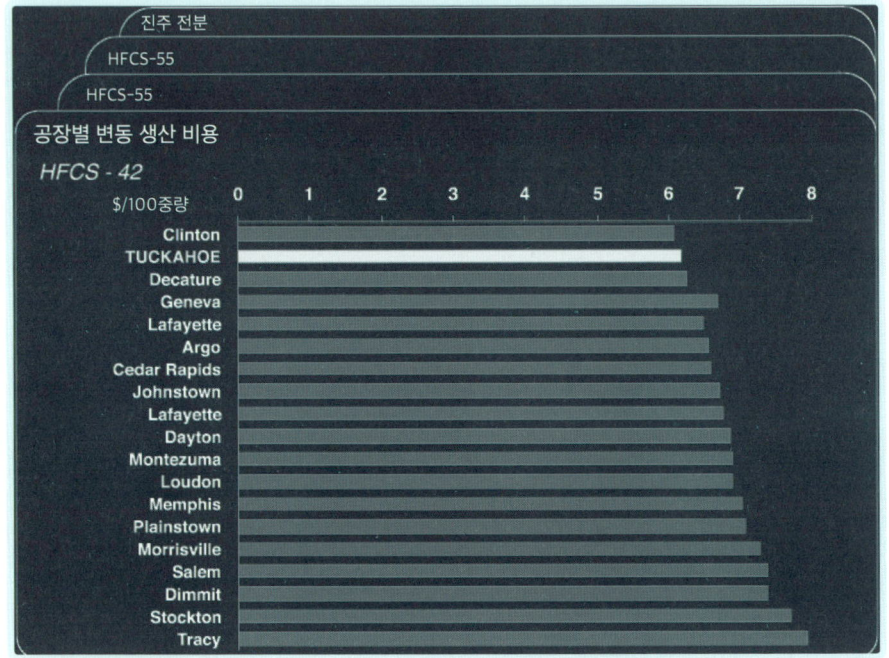

이 경우 우리는 메시지를 끌어내고 그것을 읽기 쉽게 하기 위해서 과감하게 다른 접근방법이 필요하다. 4개 제품에 대해 가장 좋은 결과를 낸 공장과 좋지 않은 결과를 낸 공장의 총변동비용 차이를 나타내기 위해서 범위 세로막대 그래프를 사용하자. 앞 섹션에서 내가 했던 조언과 일관성을 유지하려면 가로막대 그래프를 사용해야 했다.

어쨌든 세로막대 그래프가 막대의 맨 위에서 '최우수'를, 바닥에서 '최악'을 더 많이 연상시킨다. 이 예에서 범위를 같은 길이로 나타내어 지수 그래프를 만들었다. 즉, 비용 격차와 무관하게 최우수와 최악 사이의 차이는 100이다.

나는 터커호의 순위를 최우수와 최악의 공장에 대비해 보여주었다. 메시지는 읽기 쉽고 단순한 하나의 비주얼로 제시되었다.

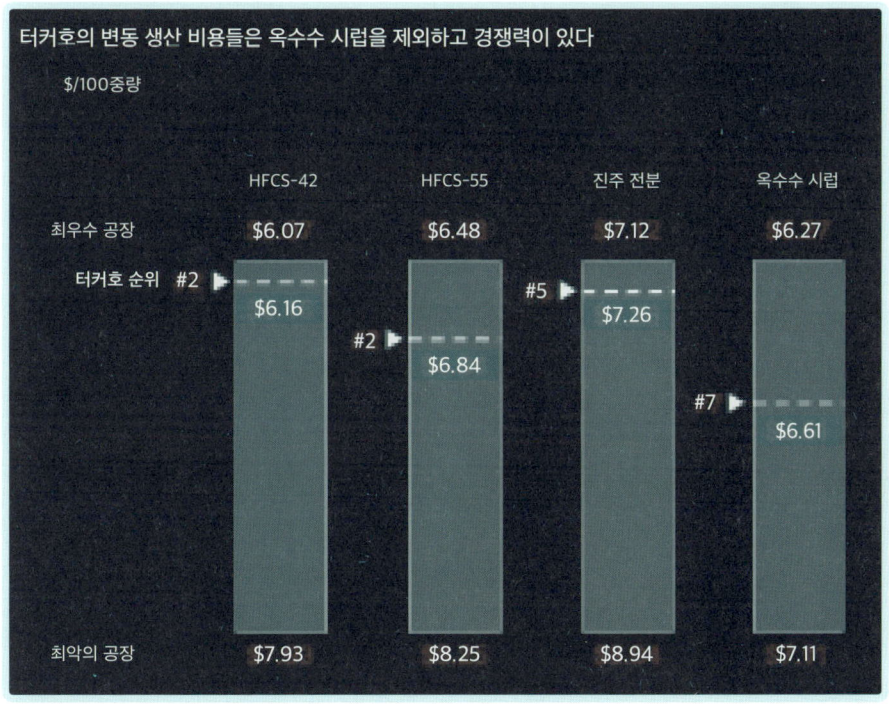

상상할수록 좋다

여기 문서를 위해 디자인된 차트의 예가 하나 더 있다. 이것은 기술시장 고객의 4개 부류에 대해 그 특성과 요구사항을 나타내고 있다.

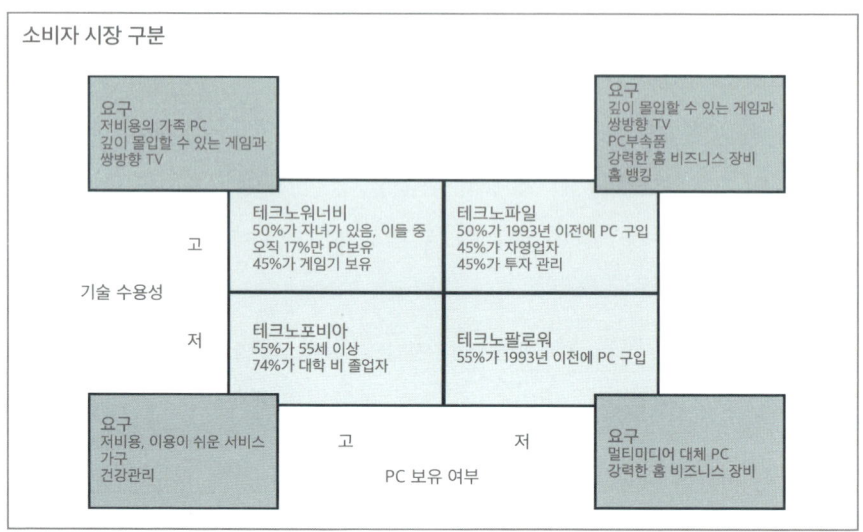

프레젠테이션을 위해서는 여러 개의 비주얼을 디자인하는 것이 하나의 해결책이다. 첫 번째 비주얼에서는 4사분면을 소개하고, 두 번째부터 다섯 번째 비주얼에서는 4사분면의 각각에 대해 자세한 특성과 요구사항을 나타내고 있다.

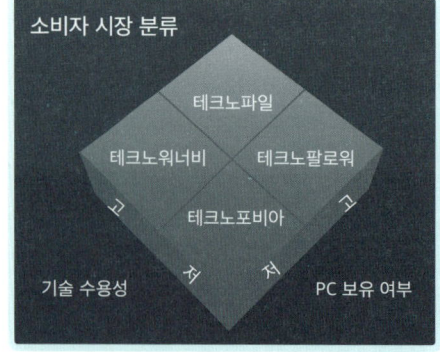
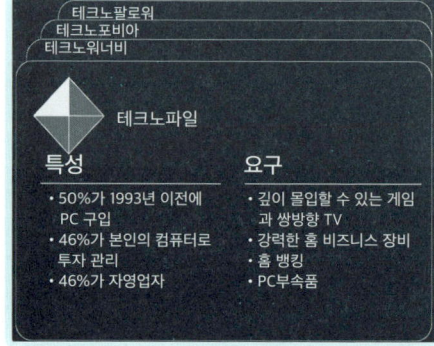

그러나 여기서 우리는 읽기 쉬운 차트를 만들기 위해 한 단계 더 나아가는 모험을 감행했다. 각 부류에 개성을 부여하는 삽화를 이용하여 4사분면의 특성을 묘사했다. 이 방법으로 발표자는 세부사항을 청중이 원하는 만큼 많이, 또는 자세히 설명할 수 있었다.

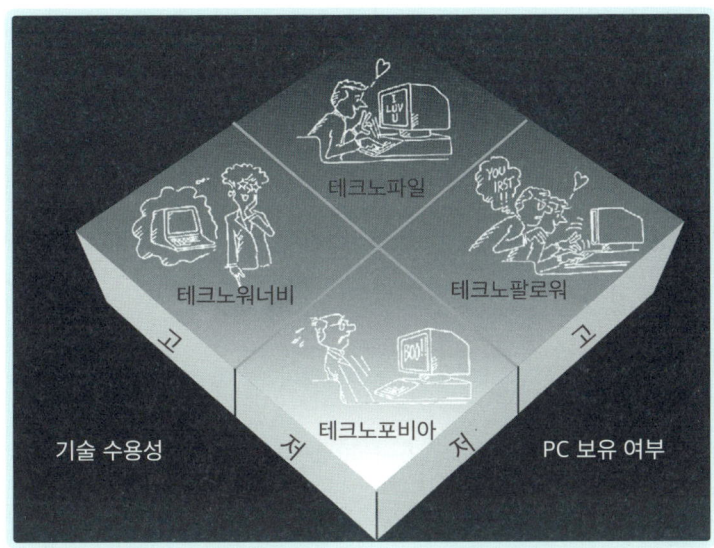

이제 당신은 읽기 쉬운 정도를 개선하기 위한 여러 제안들을 살펴보았다. 그것이 비주얼에 나타내야 할 만큼 중요한지, 읽기 쉬워야 할 만큼 중요한지 명심하자. 이상 설교가 길었다.

목적을 갖고 색을 사용하라

지금까지 이 책에 등장한 차트 대부분은 원하는 비주얼 효과를 흑백이나 2도에서 완성했다. 일단 당신의 비주얼의 효율성을 테스트하는 좋은 방법은 그 메시지가 흑백에서도 명확하게 드러나는지 보는 것이다. 만약 그렇지 않다면 색을 넣어도 큰 도움이 되지 않을 것이다.

그러나 우리는 색깔이 있는 세상에서 산다. 또한 오늘날의 기술은 색상이 풍부한 비주얼을 쉽게 만들 수 있게 해준다. 따라서 최고의 채색 비주얼을 만드는 법을 살펴보자.

색상 선택

어떤 컴퓨터 그래픽 시스템은 800만 개의 색상 순열을 만들고 2,000~3,000개를 주고받을 수 있다는 얘기를 들었다. 그것은 내가 전형적인 비주얼에서 나타내기를 권장하는 것보다 799만 9,997개 많다. 이는 색상 선택을 단순화할 뿐만 아니라, 사업마인드를 가진 중역들이 당신의 메시지가 비용을 절감해주고 있을 때 그들의 돈이 비주얼을 '화려하게' 만들기 위해 어떻게 사용되고 있는지에 대해 생각하는 것을 방지해준다. 게다가 보통 이렇게 하는 것이 더 보기 좋다.

일반적으로 내가 함께 일했던 전문가들은 검은 배경을 사용하여 비주얼에 사용한 색상이 도드라지게 한다. 그들은 검은 배경에 파란색, 녹색 등의 시원한 색상을 사용하고, 강조를 위해서 대부분 흰색과 노란색을 이용한다.

컬러사진 비주얼을 만들거나, 로고나 깃발을 나타내기 위해 특정 색상을 사용해야 하는 경우가 아니라면, 당신이 믿는 경험 있는 전문가에게 색상 선택을 맡기자. 그들과 함께 전문적인 이미지를 유지하면서 읽기 쉽게 하기 위한 지침을 만들자.

색상 사용

색상 선택을 전문가에게 맡길 수 있다면, 색상 사용은 프레젠테이션을 하는 사람의 책무이다. 각 비주얼을 전문가와 함께 논의하여 색상을 단지 꾸밈을 위해 사용하는 것이 아니라 목적을 위해 사용하도록 명심하자.

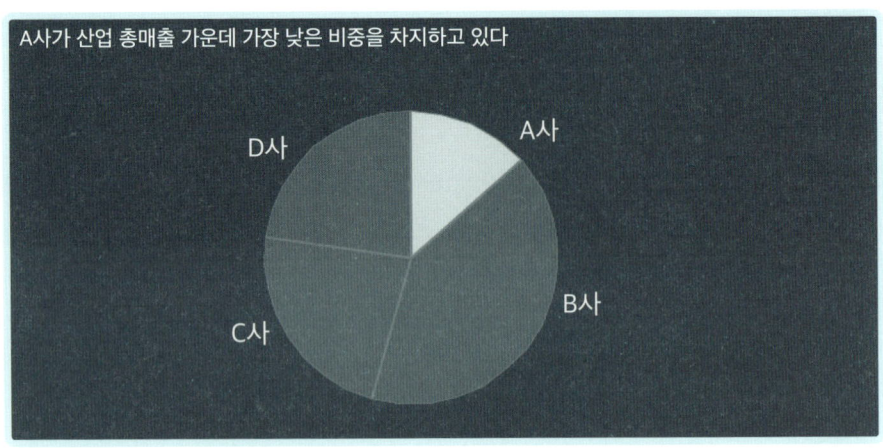

• **강조하기** : 원 그래프에서 하나의 구성요소, 가로막대 또는 세로막대에서 한 부분, 추이선, 수 치열, 제목 같은 단어들을 강조.

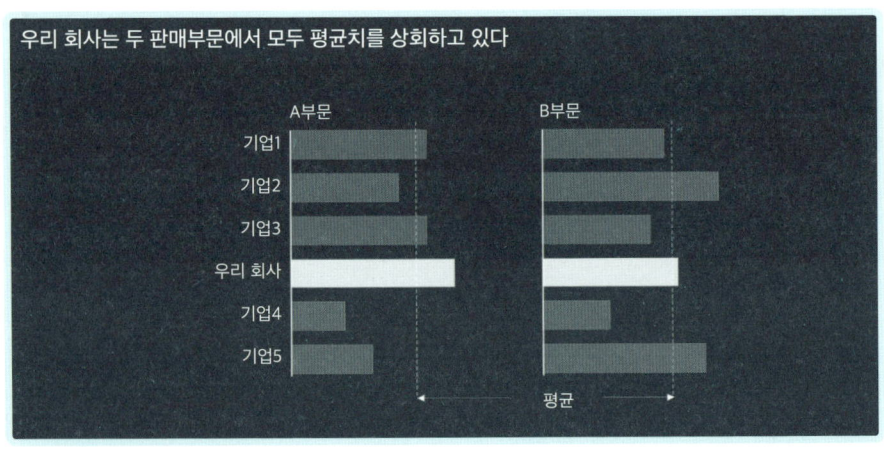

• **반복되는 주제 밝히기** : 프레젠테이션을 하는 동안 당신의 회사와 관련된 데이터를 같은 색깔로 나타냄.

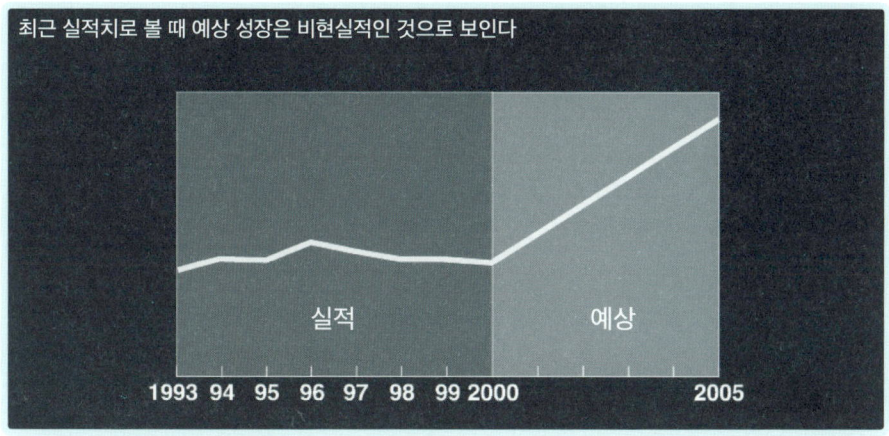

- **구별하기** : 실적과 예상, 가로막대 또는 세로막대의 한 쌍과 다른 쌍, 추이선 하나와 다른 추이선을 구분.

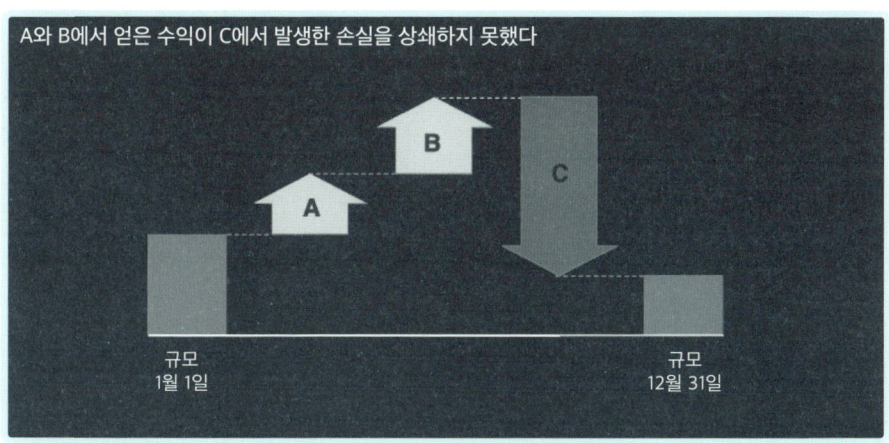

- **상징하기** : 손실은 빨간색, 수익은 녹색으로 하거나 중지는 빨간색, 주의하며 진행은 노란색, 가기는 녹색으로 함.

내용이 효과를 결정하게 하라

다음은 상업적으로 이용 가능한 소프트웨어로 만들 수 있는 가장 인기 있는 특수효과들(가장 흔히 사용되는 애니메이션을 표시하기 위해 속기의 비주얼 언어를 만들었다. 이것을 사용해도 좋고 당신만의 것을 만들어도 좋다)이다.

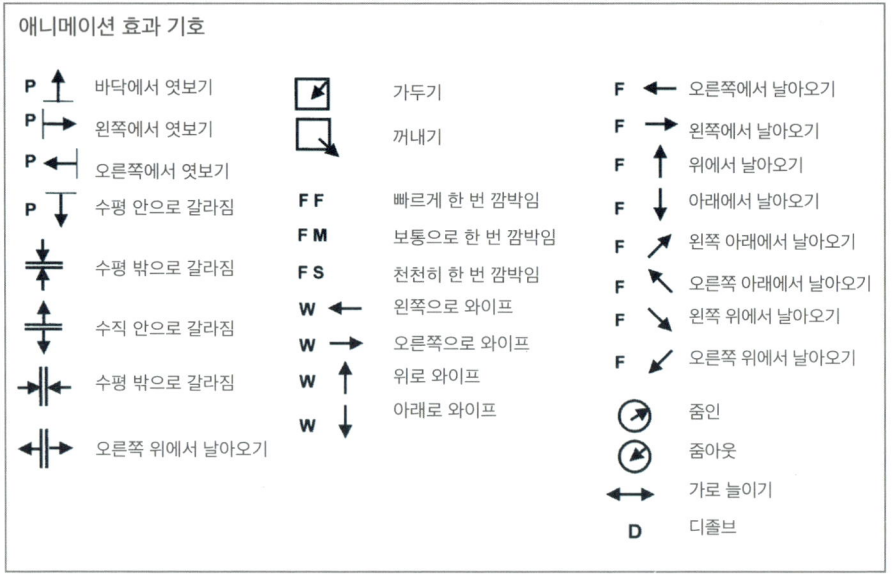

다음은 각 차트 형태가 함축하고 있는 메시지들을 강조하기 위해 이들 특수효과를 어떻게 사용하는지 보여주는 예이다.

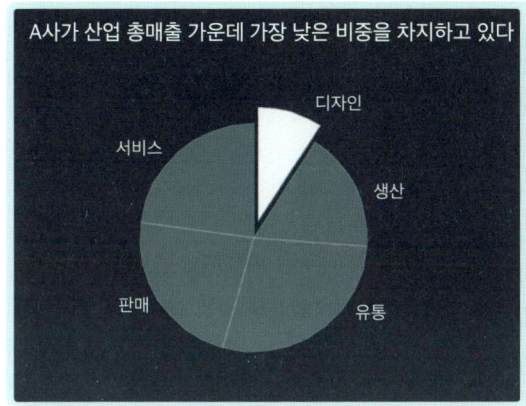

날리기

1. 원 그래프가 전체적으로 나타난다.
2. 디자인 구성요소가 위로 날아간다.

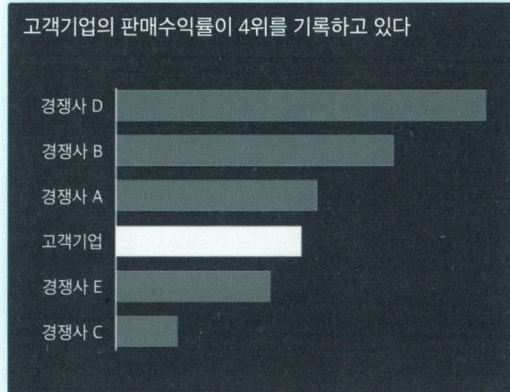

와이프

가로막대들이 기준에서 오른쪽으로 와이프된다.

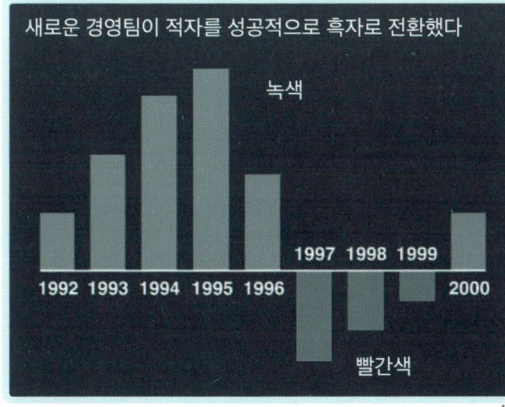

와이프

비주얼을 가로질러 오른쪽으로 와이프될 때, 녹색 세로막대는 위로 와이프되고 빨간색 가로막대는 아래쪽으로 와이프된다.

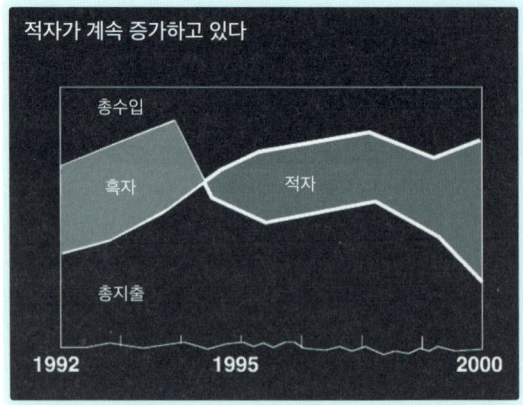

와이프와 디졸브
1. 추세선을 오른쪽으로 와이프
2. 녹색 흑자를 디졸브
3. 빨간 적자를 디졸브

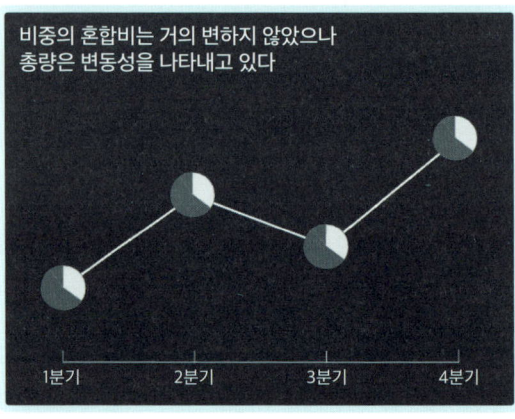

줌과 와이프
추세선이 오른쪽으로 와이프 될 때 원 그래프를 한 번에 하나씩 줌아웃한다.

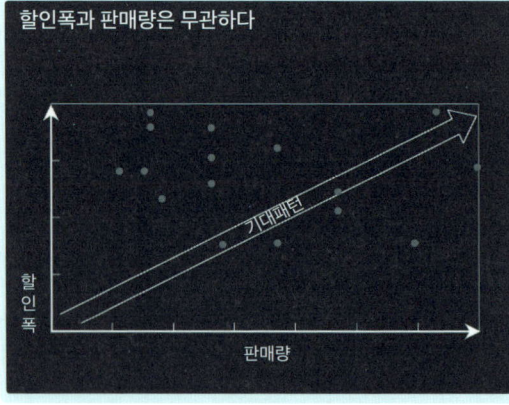

줌과 날리기
1. 점들을 줌아웃한다.
2. 기대 화살표를 위쪽으로 날린다.

기술이 변화하는 속도를 볼 때, 나는 다음 몇 년 안에 이 장에서 설명한 개념들을 개정할 필요가 있다 하더라도 놀라지 않을 것이다. 지금 나는 밝은 이미지를 투사하는 LCD 프로젝터에 만족하기 때문에 방 조명과 프로젝터를 끄지 않아도 된다. 프로젝터는 1961년으로 돌아가 오버헤드 프로젝터의 플러그를 전원에 꽂는 것만큼이나 내 노트북 컴퓨터와 전원에 연결하기가 쉽다.

맥킨지, 차트의 기술

초판 1쇄   2016년 11월 10일
초판 3쇄   2020년 12월 25일

지은이   진 젤라즈니
옮긴이   안진환
감 수   이상훈
펴낸이   서정희   펴낸곳   매경출판(주)
기획제작   (주)두드림미디어
디자인   얼앤똘비악earl_tolbiac@naver.com
마케팅   신영병, 이진희, 김예인

매경출판㈜
등록   2003년 4월 24일(No. 2-3759)
주소   (04557) 서울시 중구 충무로 2(필동1가) 매일경제 별관 2층 매경출판㈜
홈페이지   www.mkbook.co.kr
전화   02)333-3577
이메일   dodreamedia@naver.com
인쇄·제본   ㈜M-print   031)8071-0961
ISBN 979-11-5542-571-8(03320)

책값은 뒤표지에 있습니다.
파본은 구입하신 서점에서 교환해드립니다.